教師力
ステップアップ

新任**1**年目の**基本技**から
3年目以降の**応用技**まで
学級担任も**音楽専科**も
今の自分から
ステップアップ
できる!!

3年目教師 勝負の
音楽授業づくり

クラスみんなの
心をひとつにする!
スキル&テクニック

土師 尚美 編著
授業力&学級づくり研究会 著

明治図書

はじめに

　教師になって10年目，初めて音楽専科になりました。それまでは担任として音楽をもつことはありましたが，専科は初めての経験です。「大好きな音楽の授業を存分にできる！」そんな気持ちでいっぱいでした。しかし，現実は思い描いた毎日とは違うことばかりでした。

　45分の授業が全てであること，同じ内容の授業をしてもクラスによって全く子どもの反応が違うこと，学校行事で音楽の授業と関わることがたくさんあること，意欲的に音楽の授業に参加しない子がいること……。悩むことだらけです。例年通りできて当たり前と思われていることにもプレッシャーを感じました。

　今日まで，悩んだ末にたどり着いたこと，得たことを本書にできる限り記しました。そこでは以下のことを大切にしています。
　　・先を見通した準備
　　・今だからできる，今しかできないことに取り組む
　　・「できた」「わかった」「楽しい」
　　・いつでもクラスみんなが参加できる安心感
　　・なにより自身が楽しむ！

　その先にあるのは，「この仲間と一緒にできてよかった」と子どもたちが感じられる音楽の授業です。行事のための練習になっていてはあまりにもったいない。音楽を通して，子どもたちの心をひとつにしましょう。学校全体を優しい雰囲気にしましょう。音楽の授業を受けもつということは大きな責任と喜びがあります。

　本書が，教師も子どもも幸せになる音楽授業のお役に立てることができるならばこの上ない喜びです。

授業力＆学級づくり研究会　土師尚美

もくじ

はじめに　3

1章 音楽指導 基礎基本のマストスキル10　8

❶ 掲示物 ⋯⋯⋯⋯⋯⋯⋯⋯⋯⋯⋯⋯⋯⋯⋯⋯⋯⋯⋯ 10
❷ 座席配置 ⋯⋯⋯⋯⋯⋯⋯⋯⋯⋯⋯⋯⋯⋯⋯⋯⋯⋯ 12
❸ ルールづくり ⋯⋯⋯⋯⋯⋯⋯⋯⋯⋯⋯⋯⋯⋯⋯⋯ 14
❹ 歌唱指導 ⋯⋯⋯⋯⋯⋯⋯⋯⋯⋯⋯⋯⋯⋯⋯⋯⋯⋯ 16
❺ 鍵盤ハーモニカ指導 ⋯⋯⋯⋯⋯⋯⋯⋯⋯⋯⋯⋯ 18
❻ リコーダー指導 ⋯⋯⋯⋯⋯⋯⋯⋯⋯⋯⋯⋯⋯⋯ 20
❼ 音楽づくりの指導 ⋯⋯⋯⋯⋯⋯⋯⋯⋯⋯⋯⋯⋯ 22
❽ 鑑賞の指導 ⋯⋯⋯⋯⋯⋯⋯⋯⋯⋯⋯⋯⋯⋯⋯⋯ 24
❾ 配慮を要する児童への指導 ⋯⋯⋯⋯⋯⋯⋯⋯ 26
❿ 評価・評定 ⋯⋯⋯⋯⋯⋯⋯⋯⋯⋯⋯⋯⋯⋯⋯⋯ 28

2章 音楽指導 ステップアップの授業テクニック43　30

日常授業編

❶ 「できた！」ではじまる授業開き（低学年）⋯⋯⋯ 32
❷ 新しい友達と仲良くなれる授業開き（中学年）⋯⋯ 34
❸ 心をつかむ授業開き（高学年）⋯⋯⋯⋯⋯⋯⋯⋯ 36
❹ 担任の先生へ　サプライズのプレゼントを届けよう！ ⋯⋯ 38

❺ 1年間を振り返ろう　こんなに成長した自分たち ································ 40

❻ 感動できる卒業の歌　歌詞に思いを込めて ······························ 42

❼ 夏休みの思い出を発表しよう！ ······································· 44

指導技術，ネタ編

❽ 恐れることなく評定しよう！ ··· 46

❾ 目的に応じてグループづくりをしよう！ ······························ 48

❿ みんなノリノリ音楽ネタ①　拍にのって１，２，３！ ···················· 50

⓫ みんなノリノリ音楽ネタ②　ボディーパーカッション ·················· 52

⓬ みんなノリノリ音楽ネタ③　おすすめの曲紹介 ························ 54

⓭ みんなノリノリ音楽ネタ④　音楽に合わせて群読！ ···················· 56

⓮ みんなノリノリ音楽ネタ⑤　隙間時間にノリノリ音楽！ ················ 58

⓯ みんなノリノリ音楽ネタ⑥　「鑑賞」名マエストロになろう！ ············ 60

領域別，他教科コラボ編

⓰ 一人ひとりが主役！みんなでつくる合唱の工夫 ························ 62

⓱ みんなでつくり上げる合奏の工夫 ····································· 64

⓲ えかきうたをつくろう！音楽づくり ··································· 66

⓳ 身体を使って音楽を感じ取ろう！楽しい鑑賞の工夫 ···················· 68

⓴ 共通教材　生涯につながる音楽との出会いを ·························· 70

㉑ 日本の文化に触れる！伝統音楽 ······································· 72

㉒ 他国の音楽に親しもう！ ··· 74

㉓ 他教科とコラボしよう！　〜生活科編〜 ······························ 76

㉔ 他教科とコラボしよう！　〜社会科編〜 ······························ 78

㉕ 他教科とコラボしよう！　〜国語科編〜 ······························ 80

㉖ 他教科とコラボしよう！　〜体育科編〜 ······························ 82

もくじ　5

㉗ 他教科とコラボしよう！　〜図画工作科編〜 ──────── 84

㉘ 他教科とコラボしよう！　〜特別活動編〜 ──────── 86

㉙ やってみよう！音楽科のプログラミング教育 ─────── 88

行事編

㉚ 異校園種間交流で，すてきな音楽との出会いを！ ──── 90

㉛ 音楽でつながろう！　異学年・地域との交流 ─────── 92

㉜ 希望あふれる入学式に！ ───────────────── 94

㉝ 学校紹介を楽しくするコツ　〜１年生歓迎会〜 ───── 96

㉞ いい顔いっぱいの運動会歌唱指導！ ─────────── 98

㉟ 見栄えする音楽会のコツ①（歌唱編） ────────── 100

㊱ 見栄えする音楽会のコツ②（器楽編） ────────── 102

㊲ 見栄えする音楽会のコツ③（演出編） ────────── 104

㊳ 見栄えする音楽会のコツ④（音楽劇編） ───────── 106

㊴ 参観①　音楽の授業で参観にチャレンジ！ ─────── 108

㊵ 参観②　親も巻き込んで一体感のある参観に！ ───── 110

㊶ 大人数指導①　ひとつになれる音楽集会 ───────── 112

㊷ 大人数指導②　６年生に感謝の気持ちを伝える送別会 ── 114

㊸ 大人数指導③　みんなの思いをひとつにしていく卒業式 ── 116

音楽指導

3章 **知ってお得のマル秘グッズ6** 118

❶ かご 120

❷ 番号カード 121

❸ ICT 機器 122

❹ ミニホワイトボード 123

❺ マグネット 124

❻ カスタネット 125

執筆者一覧 126

1章

音楽指導

基礎基本のマストスキル10

　教師になって1年目から音楽を受けもっている方もいれば，何年か経って初めて音楽を受けもつことになった方など様々だと思います。

　音楽専科であれば，学校で1人ということも多く「これでいいのかな」と不安に思いながらも相談できずにいるかもしれません。担任が音楽を受けもっている場合であれば，日々の打ち合わせなどが多く，どうやって音楽の授業を進めるのか，何を学ばせたいのかなど話し合う時間がもてていないかもしれません。

　そろそろあなたも教師として3年目（以上）をむかえ，日々の授業を進めることには困らないようになってきているかもしれません。

　あなたの授業はどうですか？　日々の授業がうまくいっている（うまくいっていない）のには，必ず原因があります。

本章では，音楽の授業において，まずしっかりと身につけたい基礎基本を紹介しています。

　音楽の授業でこの３年間大切にしてきたものを，さらにステップアップさせるために10のマストスキルをまずはお読みください。

　今までの実践に理論的なエビデンスを合わせることで，これまでの実践を確かなものにすることができるでしょう。

> 掲示物，座席配置，ルール，歌唱指導，器楽指導（鍵盤ハーモニカ・リコーダー），音楽づくり，鑑賞，配慮を要する児童への指導，評価・評定

　上記の10個の言葉に対するあなたのこれまでの実践を思い返しながら１章の扉を開きましょう。

1章　音楽指導　基礎基本のマストスキル10

1 掲示物

見通しと振り返りに役立つ掲示物を！

　音楽室三大掲示物といえば，①作詞家・作曲家の肖像画②リコーダーの運指図③楽器の名称。これらは色あせたまま貼りっぱなしになっていることが多いのも事実です。一週間のうち，音楽の授業はたくさんあるわけではないので，掲示物にも工夫を凝らして，１時間の授業が濃密なものとなるように仕向けます。

　子どもの主体的な音楽活動の中での，知識・技能の獲得を保障するためには，子ども自身が，その時間に何を学ぶのか（内容），どのように学ぶのか（方法）という見通しをもつことが必要です。その見通しをもちやすくするために掲示物を活用します。

○内容の見通し＝<u>何を学ぶのか</u>
- ・歌詞
- ・楽譜
- ・前時の振り返りの内容←内容の系統性

○方法の見通し＝<u>どのように学ぶのか</u>
- ・比較←楽曲同士の共通点，相違点を見つけやすくするために，並べて提示
- ・関連←曲想の関連性を見つけやすくするために並べて提示

　授業のめあてに則した掲示物は，そのままその掲示物に着目することで，授業の振り返りにも活用できます。授業の入口と出口をしっかりと見すえて掲示物を準備します。

指導のポイント

●見通しと振り返りができる掲示物を（内容と方法）

掲示物→見通し→掲示物→振り返り

短中長期的な掲示物の使い分けで知識・技能の定着を！

〈短期的掲示物〉

　＝１時間の授業の見通しと振り返りができる掲示物

　前時の板書や，子どもたちが書いた振り返りを電子黒板等に映し出しておきます。音楽室に入ってきた子どもたちの目に自然と入ることでしょう。音楽室に入るたびに，違うことが映し出されているので，興味も持続します。

〈中期的掲示物〉

　＝単元を通して見通しと振り返りができる掲示物

　授業で，拡大コピーをした楽譜に，子どもたちが知覚・感受したことを書き込むこともあるでしょう。それを掲示物として使います。リコーダーで演奏するのであれば，楽譜に運指を示してもいいですね。

　鑑賞の授業で書いた曲の紹介文も掲示しましょう。他の学年が見ることで，書き方の参考になります。また，書く側には，誰に向けて曲を紹介するのかはっきりするのでよいでしょう。

〈長期的掲示物〉

　＝１年間（生涯）を通して見通しと振り返りができる掲示物

　それぞれの学年別に，既習曲を書いていきます。そのときに作詞者や作曲者の顔写真と名前も一緒に示しておきます。すると，同じ作曲家が作った曲が他にもあることがわかるでしょう。また，子どもたちが音楽室に入ってくるときに曲を流しておき，「これは，○○という曲でみんなが今日聴く曲の作曲者でもあります」と授業の導入に使ってもいいですね。

1章　音楽指導　基礎基本のマストスキル10

2 座席配置

学習のゴールに向けた座席配置に！

　週に1ないし2時間しかない音楽の時間。その限られた時間の中で学習内容を充実させるためには，座席の果たす役割は小さくありません。活動の多い音楽科では，なおさら工夫が必要です。意図をしっかりもって座席配置しましょう。では，どんな意図を込めるのでしょうか。大きくは，2つの意図が考えられます。

　1つ目は，人間関係です。「男女の比率は一緒にしたいな」「各グループに1人はリーダーとなれる子がほしいな」「トラブルの多い○○さんと△△さんの席は離した方がいいな」などの意図が浮かんできます。音楽専科ならば，担任とも相談しながら決めていくのもいいですね。

　2つ目は，授業の目的です。「グループで音楽づくりの授業をしよう」「鑑賞の授業だから，スピーカーの音がよく聴こえる配置にしよう」「リコーダーのグループ発表会をしよう」「発表会に向けて合唱の練習をしよう」などの目的に応じた意図です。

　配置の視点として，机の配置や向き，椅子の有無や形，グループの人数などが考えられます。1時間の間に変化することもあるでしょう。うまく組み合わせて，授業のゴールに最短距離で進める座席配置にしましょう！

指導のポイント

●意図を持った座席配置を（人間関係・授業の目的）
●配置の視点（机の配置，向き。椅子の有無，形。グループの人数など）

座席は教師の意図を映し出す鏡！

〈一斉学習型〉

　みんなが教師に向かって正対しています。机や椅子がない場合もあります。先生からの指示がよく通る，子どもの様子が見取りやすい，同じ方向を向いているので，恥ずかしがらずに歌えるといったメリットがあります。しかし，デメリットとして，子どもたち同士の関わりを生み出しにくいことが挙げられます。

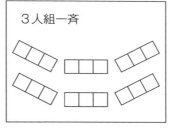
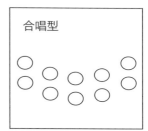

〈グループ学習型〉

　仲間とのかかわりがもちやすい形です。互いの顔が見えて，考えが交流しやすい，声が聞こえやすいことがメリットです。しかし，デメリットとして教師の指示が通りにくく，同じペースで授業が進めにくいという点が挙げられます。「関わらせたい」目的に向かって，人数や形を選択しましょう。

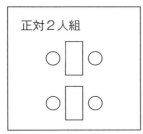
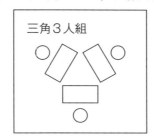
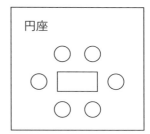

〈発表会型〉

　前方にステージとなる空間を設けたり，2グループごとを向かい合わせにしたりします。グループの見合いや発表会を見越して座席配置しておくことで，授業の展開もスムーズに進みます。

1章　音楽指導　基礎基本のマストスキル10

3 ルールづくり

教室が騒然とする原因と解決法

　グループで相談して，様々な楽器の音を試しながら音楽をつくっていったり，身体を動かして音を感じたり……。今求められる「主体的・対話的で深い学び」をするためにも必要な活動です。しかし「終わりと言っているのに全然やめない」「最後には大声を出して静かにさせてしまう」「遊び出す子もいるし，教室が騒然となるのでグループ活動をさせる自信がない」と悩んでいる先生もいることでしょう。本来ならば，子どもも教師も笑顔で楽しい授業をしたいのに……。ただ「騒然としている」と一言で言っても，その原因によって解決の方法は違ってきます。

> ①課題が楽しくて没頭している場合
>
> 　⇒終わりの合図や時間を決めておく。
>
> 　⇒学習予定を提示する。（見通しをもたせる）
>
> ②遊び出す子どもがいる場合
>
> 　⇒活動内容の難易度を見直す。
>
> 　　（子どもにとって簡単すぎたり難しすぎたりしていないものに）
>
> 　⇒明確な指示を出す。
>
> 　⇒場の設定を考える。

　もちろん，騒然としている＝ダメではありません。騒然としている状況が学習する過程で必要な場合もあるでしょう（例えば，わざとズレを生じさせて，子どもの思考を促すときなど）。その見極めが大切ですね。

指導のポイント

●騒然としている原因を考え，解決することは，安心して授業を受ける第一歩

お悩み解決！

〈自分の席に戻る〉

　短くてみんなが知っている曲を演奏するかCDで流します。グループでの練習が終わるとき，身体を動かした後に自分の席に戻るときに使えます。曲が終わるまでに自分の席に着くようにします（活動にもよりますが……）。低学年であれば早く席に座った子が歌い出すこともあり楽しく待つことができます。歌わなくても，後どれくらい待てばよいかわかるので待っている子が騒がしくなることはありません。

　「はやく自分の席に座りなさい」ではなく「もうすぐ曲が終わるよ」に！

> **ポイント**
> 大きな声を出さなくても，次の行動に移れる工夫をしよう！

〈明確な指示〉

　何をするのかを明確に伝えましょう。「グループで工夫して歌ってみよう」では，子どもたちは何をしていいのかわかりません。例えば，「曲想が変わったところはどのような強さで歌いたいですか。グループで歌いながら考えてみましょう。○分後，できたところまで発表します」と言います。ヒントになるものを黒板に提示してもよいでしょう。

　「ちゃんとしなさい」ではなく「音の強さはどうする？　どうしてそうしたい？」に！

〈場の設定〉

　どの場所で活動するのかグループごとに伝えます。隣のグループと近すぎると自分たちの音が聴こえず，だんだん大きくなるということも考えられます。また，楽器を使うのであれば，楽器の周りにグループのメンバーが集まるのか，楽器をグループの場所に持っていくのか決めましょう。

　「グループが近すぎて音が聴こえないよ」ではなく「グループの場所でしましょう」に！

1章　音楽指導　基礎基本のマストスキル10

4 歌唱指導

歌唱指導の基礎・基本

　低学年の間は楽しそうに歌っていたけれど，学年が上がるにつれて，歌わなくなってきたなぁ……と悩んでいる人も多いでしょう。

　発声法など歌唱指導において，押さえておくことはありますが，まず大切なのは，安心して歌える雰囲気づくり。歌いたい気持ちはあっても，「笑われたらどうしよう」という不安があると，表情が固くなり，声も出なくなるものです。逆に，みんなが生き生き歌っていると，自分も歌いたくなるものです。まずは，安心して歌える雰囲気づくりに努めましょう。

　安心して歌える雰囲気ができあがってきたならば，次は歌いたくなる雰囲気づくりです。自分の歌声に自信がない子は，楽しく歌うことができませんね。いい雰囲気の中で，気持ちを解放していろいろな声で歌ってみる中で「その歌声すてきだね！」とほめられると，「これでいいんだ！」という自信につながります。まずは，子どもたちの歌声をたくさん聴き，すてきなところを見つけてどんどんほめましょう！　学年が上がるにつれて，変声期で声が出にくくなる子も出てきます。「大丈夫。もうすぐ低い音が出せるようになるよ」と無理に声を出さなくていいことを伝えていきましょう。

指導のポイント

- まずは，安心して歌える雰囲気づくりを
- 次は，歌いたくなる雰囲気づくりを

雰囲気づくりが，歌唱指導の鍵！

〈安心して歌える雰囲気づくり　その１　姿勢〉

　生き生きと歌っている子どもたちを想像してみてください。どんな姿勢で歌っているでしょうか。きっと，背筋を伸ばし，顔を上げ，大きく口を開けて歌っているでしょう。

　まず，歌うときに大切なのは姿勢です。「これから歌うぞ！」という意識を高めるためにも，両足を肩幅に開いて背筋を伸ばし，顔を斜め上にあげるという基本の姿勢から指導しましょう。わかりやすいように，見本となる写真や絵を貼っておくのもよいですね。

> **ポイント**
> イメージをもって雰囲気づくりをしましょう！

〈安心して歌える雰囲気づくり　その２　教師の範唱〉

　歌唱指導をするうえで，自分で見本を見せることに不安を抱えている人もいるでしょう。ですが，教師がオペラ歌手のような見本を見せなければならないというわけではありません。子どもたちを直接指導する上で大切なのは，教師自身が楽しそうに歌うこと。また，間違いを恥ずかしがらないこと。見本を見せるときに，時々歌詞やリズムを間違えてみましょう。そのときに「先生間違えたー！」と，騒ぐ子もいるかもしれません。そこで，「先生でも間違えるのだから，みんなが間違えるのも全然恥ずかしいことじゃないよ」と，堂々と伝えることが大切です！

〈歌いたくなる雰囲気づくり　その３　声の種類〉

　普段話す声と，歌声は同じでしょうか。きっと，声の高さや声色が変わると感じる人もいるでしょう。歌声といっても，一種類ではありません。頭から響く声の出し方，地声……まずは，いろいろな声で歌わせてみましょう。そうすることで，「自分にはこんな声が出せたんだ！」「じゃあこの曲はこの声で歌ってみよう！」と，歌いたいという気持ちにつながります。

1章　音楽指導　基礎基本のマストスキル10　17

5 鍵盤ハーモニカ指導

鍵盤ハーモニカで自信をつける！

　鍵盤ハーモニカといえば，タンギングや指使い，リズム通り演奏するなど，たくさんのことを同時にしなければいけません。そのため，苦手だと感じている子もいるでしょう。教師がその子につきっきりになってしまうと，周りの子が好きな曲を演奏し始める，おしゃべりを始めるなど騒然とした時間になってしまいます。どの子も意欲的に学習を続けられるようにするにはどうすればよいのでしょうか。

　みんなにできる喜びを味わわせます。まずは誰もができる課題を設定することです。「できた」が自信と次のやる気につながります。同時に，次なる課題も準備するなど，意欲が継続できるようにしておくことも大切です。

　また，教えることが大好きな子どもの特性を利用してみましょう。自分ができなくても友達に教えることでできるようになることもあります。教えた子ができるようになることに喜びを感じる子もいます。

　鍵盤ハーモニカ奏者を育てるわけではありません。鍵盤ハーモニカを通して自信を持たせ，友達とのつながりを深めることで意欲をもたせます。どの子も楽しい鍵盤ハーモニカの学習になるといいですね。

指導のポイント
- スモールステップでみんながができる課題に
- 教え合いで誰もがミニ先生に

意欲の続く鍵盤ハーモニカの学習

〈スモールステップ〉

①歌詞で歌う

②階名で歌う

③指番号で歌う

④指を動かしながら指番号で歌う

⑤実際に鍵盤ハーモニカで演奏する

「できた」が次への意欲へとつながります！

今日はこの段（またはこの小節）だけと決めて取り組ませます。速度をいろいろ変えてみるのもいいでしょう。「朝ごはんにパンを食べた人だけ演奏」「休み時間ドッジボールした人だけ演奏」など楽しみながら演奏するものいいでしょう。最後に全員で弾いてピタッと揃うと一体感が生まれます。

〈ミニ先生①〉

2人組になり演奏役と先生役に分かれます。見るポイントは教師から伝えておきます（例えば，同じ音は指を押さえたままになっているかなど）。演奏後できていればハイタッチ！　間違っていれば練習タイムなど関わり合う時間をとれるといいですね。

〈ミニ先生②〉

先生は前で待っておきます。先生に演奏を聴いて欲しい子がやってきます。間違えずに演奏できたら合格！　その子がミニ先生になり，合格を出せる役割を担います。どんどんミニ先生が増えていきます。

いつも同じ子がミニ先生になることがないように，少し鍵盤ハーモニカが苦手だと思っている子もミニ先生に指名しましょう（みんなが練習のために音を出しているので多少弾けていなくてもわかりません）。ミニ先生で教えている間に弾けるようになる子もいますし，自信がついて意欲的に鍵盤ハーモニカを弾く姿が見られるようになります。

6 リコーダー指導

リコーダー指導の基礎・基本

　３年生から始まる小学校も多いリコーダーの授業。演奏することを心待ちにしている子もたくさんいることでしょう。「好きこそ物の上手なれ」です。子どもたちとリコーダーの出会いを大切にしましょう。例えば，高学年に音楽室に来てもらい，演奏してもらってもいいですね。「耳がボア～ってなった」「すごく綺麗！」……。みんな感激します。あんな高学年になりたいなと憧れを抱くことでしょう。

　リコーダーを授業で行う際には，「音を聴くこと」「穴を塞ぐこと」に意識を向けさせましょう。そして「伴奏や友達の音を聴いて吹くこと」を十分楽しませたいですね。

　授業で取り扱っている曲の伴奏を録音して，担任の先生に渡しておいてもいいですね。リコーダーの練習を教室でおこなうことを禁止するのではなく，休み時間に子どもたちが自由に演奏を楽しめる場を設定してもらいましょう。

　鍵盤ハーモニカのときは右手を使って演奏していたので，最初は左手を動かすことに戸惑いを感じる子もいるようです。演奏している子どもたちの手をよく見てください。「左手が上」になっていますか。

指導のポイント

- ●具体的な憧れをもてる場を設定しよう
- ●楽しみながら取り組む環境を確保しよう

楽しく！よく聴く！

〈音を聴く〉

　素敵なリコーダーの音を聴かせましょう。先生の演奏でもいいですし，上級生の演奏でもいいでしょう。「こんな音が出したい」とイメージさせることです。

　次は，自分の音を聴かせましょう。強い音や弱い音，震える音など自由に吹かせます。「このように吹きなさい」と言いたくなりますが我慢しましょう。自分が出したい音と息の量が次第に結びつきます。「自分で考えさせる」がポイントです。高い音と低い音では使う息の量が違います。この経験をしておくことでこれからの学習にも役立つでしょう。

〈穴を塞ぐ〉

　意外に苦戦するのが，穴を塞ぐことです。ゲーム感覚で塞ぐことを楽しみましょう。例えば「ソ」であれば親指→人差し指→中指→薬指の順に「ピ・ピ・ピ・ピ」と言いながら押さえていきます。（リコーダーを頭の上に乗せて）「頭の上で，ピ・ピ・ピ・ピ…（吹く）」「目を瞑って，ピ・ピ・ピ・ピ…（吹く）」「後ろを向いて，ピ・ピ・ピ・ピ…（吹く）」穴を塞ぐ感覚を覚えさせましょう。

> **ポイント**
> いい音を出すコツをつかむきっかけをたくさんつくりましょう！

〈伴奏や友達の音を聴いて吹く〉

　1音吹けるようになっただけでも，伴奏次第で素敵な曲が吹けるようになったような気分を味わうことができます。「私，かっこよく吹けている！」を感じさせましょう。少し吹ける音が増えてきたら，CMの曲や子どもたちの知っている曲を扱うと大喜びです。メロディーパートと伴奏パートなどを作るなどすれば，友達と合わせて吹く楽しさが倍増しますね。どの子も楽しんで取り組めるように，曲をアレンジして難易度を調整するとよいでしょう。

1章　音楽指導　基礎基本のマストスキル10　21

7 音楽づくりの指導

音楽づくりの基礎・基本

　学習指導要領では，歌唱や器楽と並列に音楽づくりが書かれています。しかし，「どう指導したらいいのかわからない」「何をもって完成と言えるのか……」そのような声も聞かれます。

　まずは，教師がこの授業で何を身につけさせたいのかを明確にすること，授業のゴールのイメージをもっておくことが大切です。自分が子ども役になって音楽づくりをしてみてもいいでしょう。教科書に載っているものが絶対ではありません。目の前にいる子どもたちの実態に合わせて，子どもが「楽しい！」「できた！」と思える題材を見つけましょう。

　また，授業において，子どもたちにもゴールの姿をイメージさせる手立てが必要です。例えば，教師の作品を披露したり，参考になる楽曲を鑑賞したりするのもいいかもしれません。イメージさせることで，見通しをもって取り組みやすくなるでしょう。

　もう1つ必要なことは，途中までできた作品を聴き比べることです。それぞれのよさに気づくこともあるでしょう。「そのアイデアいいな」と，新たな発見をする子もいます。もちろん子どもたちが活動している間，教師が何もしないというわけではありません。アドバイスをしたり，ほめたりすることで子どもたちが，安心して自信をもって活動に取り組めるようにしたいものです。

　子どもたちは，音楽づくりが大好きです。まずは，教師が，実践を重ねることからはじめてみませんか。

指導のポイント

- ●ゴールイメージを明確に，見通しをもたせる工夫を
- ●聴き比べでアイデアを共有

クラス全員が「やるぞ!」と思える工夫を

〈見通しをもつ〉

　活動にあたって,子どもたちが,どのような作品をつくりたいのかイメージをもたせたいものです。そのために,
・完成作品例を提示(以前の子どもの作品,教師が準備したものなど)
・以前の学習を想起させる
・グループや手順を示す(視覚でわかるものならなおよい)
といった準備が大切です。

　「こんな音楽をつくりたい」「最後のところがうまくできないな」……。子どものたくさんの思いが,意欲へとつながります。それを手助けするのも教師の仕事です。「ここを変えるとどうなるか試してごらん」「最初の部分がいいね」一人ひとりの思いに寄り添った声をかけ,次なる見通しをもたせていきましょう。

　どのくらいの時間活動するのか,最初に示しておくことも大切です。

〈中間発表〉

　小グループ(または一人)で音楽をつくっていると,「もう,できた」という声が聞こえてきます。「もう少し練ってほしいのに……」そのようなときには中間発表をしてみましょう(全員ではなくてもいいです)。「自分たちと比べて何が違うのだろう」「あの方法いいな。自分たちもやってみたい」……。新たな気づきもあり,また,やる気も出てくることでしょう。

ポイント
時間的な見通し,内容的な見通し。両方を意識しましょう!

　子どもたちはできばえばかりに目を向けがちですが,授業のねらいは,つくっていく過程にあります。授業初めの「やってみたい!」授業途中の「もっと工夫したい!」授業終わりの「自分もできた!」そのような子どもの姿を目指していきましょう。

8 鑑賞の指導

鑑賞の基礎・基本

「この曲好きだなぁ」
「もっと聴いていたいなぁ」

　生活している中でふとした瞬間に様々な音楽に私たちは出会います。いろいろな音楽が溢れ，選び取ることのできる現代です。しかし，ポップスが聴く音楽の中心となっている子どもたち。自ら音楽の授業で聴くような曲を選び取る子どもは多くはないでしょう。何十年，何百年と時代を超えて残ってきた素晴らしい曲，子どもたちにもぜひ触れさせたいものです。

　授業で鑑賞した教材で気に入ったメロディーを知らず知らずの内に口ずさんでいる子どももいます。「こんな素敵な曲があったんだ！」と新しい発見をする時間にもなるといいですね。

　また，ICT機器が発達した現在，CDやDVDなどの機器を使うことで，手軽に本物を聴かせ，見せることができます。しかし，鑑賞の授業を聴かせる，見せるだけで終わってはもったいないです。鑑賞していく中で，手や身体を使うことで，曲の構造，魅力といったヒミツに迫ることができます。ポイントは次の3つです。

・曲を感じる
・曲について話す
・曲を知る

指導のポイント

●鑑賞の時間で素晴らしい曲に出会うきっかけに
●曲のヒミツに迫るときに身体の動きを取り入れる

曲を感じる！話す！知る！

〈曲を感じる！〉

　「この曲，踊りたくなる！」ビゼー作曲のファランドールを聴いたときの子どもの反応です。「じゃあ，どんな踊りの感じかな。立って踊ってみようか」すると，身体を大きく揺らす子，左右にジャンプする子，垂直跳びをする子，様々な表現をする子が出てきました。身体を使って曲を感じ取る方法は，曲調を捉える上で有効です。「動きたい！」と思わせる曲調こそ，その曲のもつ最大の特徴であるからです。

〈曲について話す！〉

　「なぜ踊りたいと思ったのかな」といった問いかけをすると，「速い感じがしたから」「跳ねるような感じがしたから」「同じ所をぐるぐる回るような感じがしたから」と，どんどん意見が出てきました。自分の感じたことを説明することが苦手な子どものためには，「こんなふうに感じたよ！　言葉集」といった掲示物を用意しておくのも有効です（例：悲しい感じ，楽しい感じ，走りたくなる感じ　など）。

> **ポイント**
> 感じる・話す・知るの
> 3つが鑑賞の基本！

〈曲を知る！〉

　鑑賞した曲を身体で表現し，言語化したら終わり，とするのではなく，鑑賞した音楽の作曲者や時代背景，文化に触れていきましょう。これらのことを学ばないと，曲について表面的なことしか勉強していないことになります。作曲者の思いや，生活背景，時代背景を知ることでより一層音楽を楽しむことができます。

　「ええーっ！　この曲ってそんな意味をもっているんだ！」

　「この曲がつくられた時代ではそんな生活を送っていたんだ」

　そういった自分なりの音楽の世界観を広げていくことが鑑賞の醍醐味ともいえるでしょう。

1章　音楽指導　基礎基本のマストスキル10

9 配慮を要する児童への指導

子どもの教育的ニーズに応じた全員参加の指導の工夫を！

「教育的ニーズ」とは，子ども一人ひとりの知りたい，できたい，わかりたい，楽しみたいという学びに対する願い，つまり子どもがもつ学習権そのものです。そして，「教育的ニーズに応じた」とは，その願いをかなえるための適切な指導や支援を，担任も音楽専科の先生もみんなで継続して行うことです。

ここで大切なことは，個々の子どもの困難さに対処するためといって，学習内容や学習活動のすり替えを安易に行わないことです。安易にすり替えてしまうと，子どもの本当の願いの実現とはなりません。集団の中で，1人だけ別のことをさせられているなんて，悲しすぎます。次のようなポイントで工夫します。

①目標の明確化

その時間の学習内容や学習方法を明確にし，子ども一人ひとりに合った豊かな表現を明確にします。

②交流活動の場の構成

子ども一人ひとりの表現を表出し合う場を，授業の中に構成します。表現の共有化を促します。

③振り返り活動の重視

友達の表現を評価する場を構成し，お互いを認め合える雰囲気を広げます。「○○さんの手拍子はすばらしかったよ」

特に，①が明確であればあるほど，安易なすり替えをする必要がなくなります。個に応じた指導が容易になるからです。

指導のポイント

●目標の明確化＝内容，方法，目的を具体的にする
●交流活動と他者評価できる場の構成を

だれにもある困難さは個性！

〈動作化〉

　音楽を形づくっている要素（音色，リズム，速度，旋律，強弱，拍，フレーズ，音の重なりなど）を聴き取ることが困難な子どもには，音楽に合わせて手を叩いたり，身体を動かしたりするなどして，動作化によって表現を促します。このとき，単純な繰り返しの動きを覚えさせるのではなく，一人ひとりの子どもの自発的で多様な動作を尊重します。

〈言語化〉

　音楽を聴いて，感じたことを言葉に表現することが困難な子どもには，カードにキーワードを書いておき，それを指し示せるようにします。マグネットでボードに貼れるようにし，多様な表現ができるようにします。

〈視覚化〉

　歌詞や楽譜のどこに注目してよいかに困難を示す子どもには，タブレット端末を使い，注目しやすくします。例えば，自分のパートに関係する部分の楽譜を拡大したり，色分けしたりして，見やすくします。また，音楽の聴き取りが困難な子どもに対しては，リズム譜をタブレット端末に表示し，音楽に合わせて音符の色が変わるようにして，視覚的に聴き取りやすくします。

〈細分化〉

　楽器の演奏方法や歌い方などに困難を示す子どもには，スモールステップで技術の習得が図れるようにします。タブレット端末で友達同士の演奏や歌唱を撮り合い，それを見て振り返ることができるようにします。また，習得の手順をIWBに表示しておくことで，見通しをもつことができ，安心して活動に臨むことができます。

10 評価・評定

評価と評定の違いとは？

評価は「ある事物や人物について，その意義・価値を認めること」
評定は「一定の基準に従って価値・価格・等級などを決めること」

　評価・評定は言うまでもなく子どもたちが次なる目標に向かって進むためのものでなくてはいけません。しかし，両者は似ているようですが少し異なります。それは，「一定の基準があるのか」という点。もう一点は，「決めるのか認めるのか」という点です。

　「評価大変やわ～」学期末になるとよく聞くこの言葉。学期末に出す成績表は，そこにAやB，◎や△などの判定を下すためのラインがあり，そのどこにあたるのかを決めます。この言葉，正確には評価ではなく評定ということになります。評価は，本来の意味で考えると，目標にむけてどの程度その子が到達したのかを認めること。ある一定のラインはありません。

　学校現場において，子どもたちの力を育んでいくためには，評定（「できた・できない」「わかった・わからない」）だけでは不十分です。中間テスト，期末テストのみでなく，授業における発言や行動，カード（ノート）への記述などから，個々の伸びや課題を日常的に評価していくことが大切です。「いまの言葉，情景がよくわかるね」「OK！　いまの音，みんな揃っていて美しい！」など，形成的ともいえる評価を日々行っていくことで，子どもたちは方向性を見い出し，次なる学習に向かうことができます。

指導のポイント

●評定と評価。うまく組み合わせて，次なる目標に向かって意欲的に進むためのものに

評価＝小さなできた

〈小さなライン〉

　個々の伸びや課題を日常的に，またその都度評価していくことは容易なことではありません。授業に向かう際，小さなラインをたくさんつくっておくことを心がけます。小さなラインは目標に向かう道筋での価値ある動きや言葉，思考です。先ほど，本来評価にラインはないと述べましたが，予めこの小さなラインをいくつも設定しておくのです。評定に用いる目盛り（ライン）の間に，より細かい目盛り（ライン）を入れるイメージです。AとB，BとCの間にある子どもの姿をたくさん思い描いておくことです。それぞれの子どもが，今どこにいて，なににつまずいたり，悩んでいたりするのかを把握するための目盛りとも言えます。

> **ポイント**
> いろいろな子どもの姿をイメージしておこう！

〈小さなできた〉

　また，小さなラインを準備することは，その子の「小さなできた」をたくさん発見することにつながります。「小さなできた」をたくさん認めてもらえた子どもは見通しと意欲をもって，きっと次の学習に向かうことでしょう。この「小さなできた」を設定する力と発見する力，伝える力が評価する力（評価力）です。学習者にとっては次の方向性を示されるのと同時に，授業者にとっては授業を修正していく契機ともなるでしょう。

〈響く評価〉

　教師は，「小さなできた」を子どもたちに届ける力をもたなくてはいけません。言葉，ジェスチャー，文字。状況に応じて様々な方法を駆使しましょう。あらかじめ評価のポーズ（いいね！　ボリュームUP！　表情かたいよ！　など）を決めておくことも，実技が主となる音楽科においては有効です。先生オリジナルのとっておきのポーズをつくってみるのもいいですね。

1章　音楽指導　基礎基本のマストスキル10　29

2章 音楽指導
ステップアップの授業テクニック43

　本章では，3年目の先生が先輩の先生に悩んでいることを相談している場面から始まります。具体的な実践をもとに先輩が答えてくれます。

　これを読んでおられる先生方も同じような悩みをもっていたり，過去にもっていたことがあることでしょう。

> どうしたら，子どもたちが主体的になるのか。
> 行事ではどのようなことに気をつけて指導をすればよいのか。

　ピアノが苦手な先生も，歌うことが苦手な先生も取り組める実践ばかりです！

この章はどこから読んでも，明日の授業づくりに役立ちます。
　それでは，下のフローチャート図を進み，2章の扉を開きましょう。

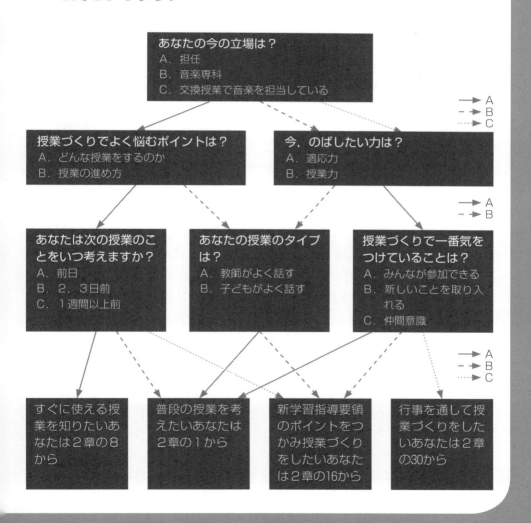

1 「できた！」ではじまる授業開き（低学年）

3年目教師: 低学年の音楽の授業。みんな楽しみにしていますよね。

先輩教師: そうだね。特に低学年の子どもたちは音楽に対する期待が大きいよね。

3年目教師: 今年度はじめての授業。その期待に応える。いや期待を超えるにはどうすればいいですか？

先輩教師: 楽しいことはもちろん。さらには，みんなが「できた」喜びを味わえる授業開きにしたいよね。

◆目，耳，身体で「できた！」を感じさせよう！

　低学年では多くの子どもたちが，音楽の授業を楽しみにしています。「授業開き」は，その期待に応えなくてはいけません。これから1年間の音楽の授業が楽しそうだなと存分に感じさせることが大切です。そのためには，「できた！」の経験が鍵を握ります。仲間の動きを見合ったり，互いの音を聴き合ったり，身体を動かしながら歌ったり，目と耳と身体をフルに使って，たくさんの「できた！」を感じさせましょう。

　簡単なリズム遊びや，わらべうた，童謡などがいいですね。1年生であれば，子どもたちの通っていた幼稚園や保育所でしていた手遊び歌などを事前に聞いておくのもよいですね。2年生であれば1年生の教科書に載っているものを取り上げてもよいでしょう。知っていることから始めることで，どの子にとっても安心して取り組めます。

　そして，「もっとやりたい！」というところで，「続きは次回ね！」と言って終わると，次の授業が待ち遠しくなること間違いなし！

「できた！」を感じる活動例

①先生の真似ができるかな？

　まずは，簡単なリズム遊びから始めましょう。先生が叩くリズムを，真似して叩くよう指示を出します。最初はゆっくりから始め，だんだん速くしたり，リズムを複雑にしたりすることで，さらに盛り上がります。

②みんなでつながるアクティビティ

　子どもたちにとって歩きやすく一度は耳にしたことがある曲を選びましょう。歌を歌いながら教室を自由に歩きます。曲の最後に，出会った人とじゃんけんをして，負けた人は勝った人の後ろについていきます（じゃんけん列車と同じです）。大きな声で楽しそうに歌っている子をほめると，周りも自然と歌い出します！

> **ポイント**
> できた「感」をたくさん生み出そう！

③「吹けた！」を味わう鍵盤ハーモニカ

　歌うだけではなく，鍵盤ハーモニカの演奏を楽しみにしている子もいるでしょう。その一方で「楽譜が読めない……」「指が上手に動かせない……」と不安を抱えている子もいるはずです。最初の授業では，曲に合わせて，全員が「できた！」を味わえる授業にしましょう。みんながよく知っている歌を使います。歌詞の切れ目で，自分の好きな音を「プップー」と鳴らします（音を指定してもよい。好きな音を鳴らすことにすると汽笛のような音に聴こえます）。伴奏と歌を流し，教師は指揮者になって音を鳴らすタイミングを子どもたちに伝えます。息のタイミングさえ合えば，成功です。全員に「吹けた！」という自信をつけることができるでしょう。

授業力アップのポイント

- ●全員が「できた！」を経験できる授業開き
- ●クラスがつながるアクティビティを
- ●最後は to be continued…で終わろう

2章　音楽指導　ステップアップの授業テクニック43　　33

2 新しい友達と仲良くなれる授業開き（中学年）

3年目教師

中学年の新年度スタート。音楽との出会いを大切にしたいです。

活動的な中学年に合わせて，楽しい活動にしたいね。

先輩教師

3年目教師

簡単にできる方法はないですか。

ちょっとした配慮とアイデアで自己肯定感を高め，高学年の学びにつなげることができるよ。

先輩教師

◆自己肯定感を高める！認める！つながる！

　中学年になってくると，自分のことを客観的に捉えられるようになってきます。一方で発達の個人差が目立つようにもなってきます。そのため，中学年はできないことに敏感になり，劣等感をもちやすくなる時期でもあります。

　音楽の授業でも，小さな「できた！」という体験を積み重ねることで自己肯定感を高めていきます。さらに，「できた」を感じることのできる協働的なアクティビティを通して，「友達のリズムをしっかり聴いて，一緒に頑張って続けていこう！」といった友達同士の心理的な距離感を近づけていきます。

　このような活動では，「○○さんはあきらめずに何度も挑戦できたね」「○○さんのリズムはおもしろいリズムだったね」といった声かけ（＝評価）を教師がしていくことが大切です。それによって，「ちゃんとできている！」と感じることができます。

活動の流れ

①リズムマシーンを鳴らす

　拍子を刻むのにメトロノームも有効ですが，電子ピアノやICT機器などに入っているリズムマシーンで，8ビートなどノリのいいリズムパターンをつけると，子どももノリノリになります。

②リズムの見本を提示する

　簡単なリズムパターンをいくつか紹介します。「もしリズムが思いつかなかったら，この中から選んでやってみよう！」と声かけしておくとよいです。

③1人ずつリズムを考えて回していく

　A→全員（Aと同じリズム）→B→全員（Bと同じリズム）→……

　といったように，順に回ってきた子どものリズムを，全体でコールアンドレスポンスしていきます。真似するためにリズムをしっかり聴いている姿がすてきです。手だけのリズムになれてきたら，机を使ったり，足踏みを入れたり，といった応用技もあります。リズムに表情をつける子どもが出てきたら，もっと盛り上がっていきます。

④間違っても大丈夫！

　順番に回していく中でどうしてもとまってしまう

子どもが出てきます。「大丈夫！　もう一度挑戦してみよう！」といった声かけで子どもは頑張ります。

ポイント
クラスづくりにもつながりますね！

授業力アップのポイント

● 失敗しても大丈夫！温かい雰囲気をつくっていく
● 小さな「できた！」という場面をつくっていく

2章　音楽指導　ステップアップの授業テクニック43　　35

日常授業編

指導技術、ネタ編

領域別、他教科コラボ編

行事編

3 心をつかむ授業開き（高学年）

3年目教師: 高学年を担当するのが初めてなんです。授業開きはどうすればいいですか。

先輩教師: はじめが肝心！　子どもたちの心をつかみたいね。

3年目教師: 心をつかむか……。高学年って難しいですよね。

先輩教師: そうだね。でも，難しく考えなくていいよ！　自分が楽しいと思える方法を選んでやってみよう！

◆ 子どもの心をつかむ

　お笑いの世界では最初の「つかみ」が大切と言われるように授業においても最初の「つかみ」は大切です。授業開きはまさに一年の「つかみ」です。

　子どもたちの様子や志向を把握しておきましょう。流行りの歌手やお笑い芸人なども知っておきたいものです。そのことをもとに考えます。楽器が得意ならば演奏してもいいでしょう。歌が得意ならば歌声を披露してもいいでしょう。「得意なものは何もない」という方はCDを使ってもいいでしょう。一番大切なポイントは「今年の音楽の授業は楽しそう」「次はどんな授業か楽しみだ」と思わせることです。それに加え，高学年は，ちょっとした「へ～」と思えることも入れてみましょう。

　週に1，2回程度しか音楽の授業がない分，いい意味で印象に残る授業開きをしたいものです。何となくで始めるのではあまりにもったいない！　最初の授業で，楽しさの中に音楽の授業で大切にしていきたいことを盛り込み，クラス全員の心をぎゅっとつかみましょう！

高学年にうける「つかみ」

①楽器の演奏をする

　難しい曲を弾く必要はありません。CMの曲や人気アーティストの曲など子どもたちがよく知っている曲を演奏します。モノマネ好きのクラスの人気者が，前に出てきて曲を盛り上げてくれるかもしれません。自己紹介のときに使えます。

②〜風に歌う

　クラス全員で既習曲を歌います。そのとき（歌手の○○さん風，赤ちゃん風，オペラ歌手風）と指定して歌います。似ている子に歌ってもらうと盛り上がります。

高学年に一目置かれるアピールをしよう！

　歌い方は1つではない。曲に合った歌い方をしていこう。というメッセージを伝えたいときに使えます。

③好きな曲を紹介する

　「先生は，私と同じアーティストが好きなんだ」「このゲームの曲僕も好き」自分と同じ曲を好きというだけで，親近感が湧きます（歌詞の内容などは，考慮して選んでください）。CDなどで聴かせます。それから「途中，転調して盛り上がるところが特に気に入ってる」など一言入れながら好きなところも伝えます。再度曲を聴いてみてください。1度目は，ただ何となく聴いていた子も転調に気づくことができるでしょう（みんなが知っている曲ならば，歌ってみてもいいですね。この曲に関する「へ〜」という小ネタがあれば紹介しましょう）。

　「聴く」を大切にしてほしい。というメッセージを伝えたいときに使えます。

授業力アップのポイント

- 「つかみ」は楽しく，「今年は何か違うぞ」と思わせよう
- 高学年の授業開きは，メッセージをこめて

4 担任の先生へ　サプライズのプレゼントを届けよう！

3年目教師

音楽の時間をつかって，はじめて担任をもった〇〇先生のために，何かできないかなぁと考えているんですよね。

おもしろそうだね。担任じゃないからできることってあるよね。

先輩教師

3年目教師

やってみます！　いい思い出になってくれればと思います。

そうだね。でも，授業でするのだから，子どもたちにとっても1年間の振り返りになるようにしたいよね。

先輩教師

担任じゃないからできること

　音楽専科や交換授業など，担任以外の方が音楽の授業を担当しているかもしれません。そのような先生におススメです！

　子どもたちにとって一番多くの時間を過ごす，一番深い関係を築くのはやはり担任の先生です。担任には，初めて担任をする人もいれば，今年度でその学校が最後の人など様々です。担任ではない立場だからこそ，子どもと担任をつなぐためにできることがあります。

　その1つがこのサプライズプレゼントです。「この仲間，この先生でよかった」そう思える時間をつくっていきましょう。授業では，これまでの学習を振り返る機会にするとともに，子どもたちの自主的な姿勢を尊重します。子どもから出てきたアイデアがあればどんどん取り入れていきます。

　音楽は人と人の心をつなぎます。担任の先生から子どもたちに向けて感謝の言葉を伝えてもらえたなら大成功ですね！

授業の流れ

①1年間を思い出す

　行事だけでなく，担任発表があったときの気持ちや，普段の生活で楽しかったことなどを季節ごとに出していきます。そのクラスならではの楽しいエピソードがあれば，より盛り上がります。

> **ポイント**
> 子どもたち主体の活動にしよう！

②替え歌をつくる

　好きな曲に合わせて歌詞を考えます。みんなが知っていて，短い曲がオススメです。これまで学習してきた曲，教師が作曲したものでもいいですね。

③季節ごとにオーディションを行い，クラスの歌を決める

　作ったものの中から，本番で歌う歌を季節ごとに決めます。1曲ずつ，オーディションで決めるのもいいですし，みんなの歌を合体させていくのもいいですね。いずれにせよクラスみんなの合意が大切です。

④間奏でメッセージを伝える人を決めて，歌の練習をする

　歌が決まれば練習です。春→夏→間奏→秋→冬　と歌います。間奏には，先生へのメッセージ（〜が楽しかった，嬉しかったなど）を組み込んでいきます。

⑤担任の先生の前で発表会をする

　いよいよ，担任の先生を音楽室に招待して発表会です。最後に担任の先生からの感想を聞くことを忘れずに！

授業力アップのポイント

●主役は担任の先生！　黒子に徹し，みんなのいい笑顔を生み出そう

2章　音楽指導　ステップアップの授業テクニック43　39

5 1年間を振り返ろう
こんなに成長した自分たち

3年目教師

> 今年度最後の授業。何か思い出に残ることがしたいのですが。

先輩教師

> そうだね。やっぱり1年間で学習したことを振り返ってみてはどうかな？

3年目教師

> そうですね。よくやりますよね。

先輩教師

> みんな懐かしい気持ちになって前向きに取り組むこと間違いなしだよ。でもワンパターンにならずに，いろいろな方法を工夫してみればどうかな。

 どんな曲があったかな？？

　1年間学習してきた曲を1つずつ思い出して演奏してみましょう。1学期に練習した曲を久しぶりに演奏してみると懐かしさでいっぱいになります。そして，一度学習しているので，簡単に歌ったり演奏したりすることができるでしょう。お楽しみ会のような感覚で気軽に楽しく1年の学習を振り返るのもよいですよ。

　また，歌や楽器の演奏の振り返りだけでなく，楽典の振り返りも大切です。音符や休符の学習は，子どもたちの記憶に残りにくいものです。学習したはずなのに，説明したはずなのにということも多いでしょう。先生も子どもたちも落ち込まないように，気軽に振り返るようにしたいものです。

　1年間で学習した内容を振り返る中で，何より大切にしたいのは子どもたちの成長した姿です。こんなにできることが増えたんだ，こんなにたくさんのことをやってきたんだと，子どもたち自身が成長を実感できる1時間にしたいものです。

楽しく1年の学習を振り返る方法

①とにかく学習した曲をやってみる

　4月からもしくは最近学習した3月から順番に曲を歌ったり演奏したりします。4月や5月に学習した曲が出てくると「なつかしい!!」「何ていう曲だったっけ?」などと子どもたちは楽しい気持ちで曲に向き合うことができます。

②撮っておいた動画を観る

　演奏の様子を動画に残しておけば，1年の振り返りに活用できます。4月の動画と比べれば3月にはずいぶん成長していることでしょう。動画を観て感想を交流するだけでも，成長した自分たちに自信をもつことができるでしょう。

> **ポイント**
> 何かの行事とコラボしてもいいですね!

③好きな曲を選んでミニコンサート

　全員参加のミニコンサートはいかがでしょう。自分が得意な曲や好きな曲を選びます。何曲選んでも構いません。選んだ曲の順番がまわってきたら，前に立って演奏します。席に残っている人は観客です。人気がある曲のときは全員が演奏するなんてこともあるかもしれませんね。観客の子にはぜひ演奏のよかったところを発表させましょう。

④クイズ

　イントロクイズや作詞作曲者名クイズなどで楽しく学習を振り返るのもよいですよ。これなら，楽典の要素の振り返りも楽しくできますよ。

授業力アップのポイント

● 自分の成長を感じられるように成長した部分に注目できる工夫を
● お楽しみ会の感覚で楽しく1年の振り返りを

2章　音楽指導　ステップアップの授業テクニック43　41

6 感動できる卒業の歌 歌詞に思いを込めて

3年目教師：卒業の歌，感動の歌にしたいんですよね。

先輩教師：感動の歌にするために，ついつい指導に熱が入って，歌唱指導が単なる歌うための技術指導だけになってしまわないようにしないとね。

3年目教師：上手に歌うことも大事だし……。

先輩教師：どれだけ，卒業への思いを歌にのせられるかが勝負！　そのためには，しっかりと振り返ることが大切！　やりっぱなしに終わらせない！

◆小学校生活の思い出を歌詞にのせて！

　卒業間際の6年生は，小学校生活の思い出にひたり，新たなステージへの希望を抱いています。6年生が培ってきた小学校生活の価値ある経験を，新たな門出を祝う，みんなの楽曲の中にしっかりと位置づけます。

　卒業に向けて歌う歌の歌詞の中には，小学校生活の中でのすてきな経験を象徴するような内容がたくさんあります。その経験と歌とが，具体的につながるように，小学校生活を振り返り，歌詞の内容や曲想と照らし合わせる活動を行います。振り返り，照らし合わせる視点は次のとおりです。

・ 自分自身 …自分の成長を感じたすてきな経験（有終之美）
・ 友達 …友達とのすてきな出会いと経験（竹馬之友）
・ 先生 …自分を成長させてくれた感謝の気持ち（我師之恩）
・ 保護者 …自分を成長させてくれた感謝の気持ち（恩愛之絆）

感動する卒業の歌，「歌唱」授業の流れ

①自分の小学校生活の振り返りをする

「自分自身」「友達」「先生」「保護者」の４つの視点で，小学校生活を振り返ります。

②楽曲を聴き，歌詞を確認し，「卒業の歌」を決める

振り返ったことをもとに，いくつかの候補の楽曲の曲想や歌詞を比較して，自分たちの卒業にふさわしい楽曲を決定します。

候補曲は，２～３曲を教師が選択しておきます。流行曲の中には，合唱しにくいものが多くあります。逆に，合唱に適していても，発達段階に不適切であったり，思いをのせにくい内容であったりするものもあります。６年生を送る会や卒業式といった場の雰囲気の別，下級生や保護者，地域の方といった聴く人の別などを考えて，曲を選択しておきます。

③練習の都度，振り返る

楽譜と歌詞を載せたワークシートを用意します。授業で練習するたびに楽曲に対する思いや小学校生活の思い出が増えるはずです。それを吹き出しの付箋に書き込み，ワークシートに貼りつけていきます。吹き出しの先には，思いをのせたい歌詞の部分や，思い出に関係する歌詞の部分がきます。

④最後の発表の後，これからの自分に見通しをもつ

本番の発表の後，たくさんの付箋が貼りつけられたワークシートを見ながら，これからの自分の夢を書き込みます。

授業力アップのポイント

- 「歌詞・曲想」と「思い出・希望」との対比を行う
- 「卒業」→「希望」となるような振り返りを

2章　音楽指導　ステップアップの授業テクニック43

7 夏休みの思い出を発表しよう！

夏休み明け，みんなざわざわ。うかれちゃう様子もわかるんですけどねぇ。

久しぶりに仲間に会えて，うれしくて仕方ないんだろうね。さぁ，2学期やるぞ！って雰囲気にしたいよね。

なんとかいいスタートができる方法ないですかね。

そんなときこそ音楽の力！　みんなの思いを1つにしちゃおう！

◆交流も音楽の力でスムーズかつ笑顔いっぱいに！

　夏休み明け，久しぶりの登校。教室を覗くと，夏休みの思い出を交流している場面をよく目にします。たくさんの思い出話を笑顔いっぱいで語っている姿は，微笑ましい限りです。一方で，うまく話ができなかったり，1人がいっぱい話して時間がかかりすぎたり，ざわざわして人の話を聞けていなかったり……。そんな場面を見かけることもあります。

　ぜひ，音楽を利用して久しぶりの再会を演出してみましょう。手拍子でリズムにのせることで一体感が増します。ゲーム感覚で行うことでみんなが盛り上がれます。掛け合いをすることでみんなが自分の話を聞いてくれます。

　リズムに乗ってグループみんなが発表できたら，みんなで大喜び！　みんながいきいきと思い出を聞き合う姿は，2学期のいいスタートにつながります。

活動の流れ

①夏休みの出来事を想起させる

　まずは教師が夏の思い出をとびきり楽しそうに語ります。その際「どこにいったのか？　だれといったのか？　なにをしたのか？」を簡単に盛り込みます。

②思い出交流の方法を説明する

　「○○さんの思い出きーかせて♪」「いいよ！」
　「どこにいったの？♪」「海に行ったよ♪」
　「誰と行ったの？♪」「お父さん，お母さん，弟と行ったよ♪」
　「なにをしたの？♪」「BBQしてお肉いっぱいたべたよ♪」
　「い・い・ね‼　イェイ！（ポーズつきで）」

　手拍子に合わせて，問いかけに答えていく形で進めます。うまくリズムに合わない言葉がでてくると笑いも起こります。説明した後，子どもたちが問いかけ役になり，先生が答える形で練習してみましょう。

③グループごとに

　4，5人のグループでやってみましょう。慣れてきたら，速くしたり，遅くしたりと速度を変えるとさらに盛り上がります！

④全体で

　最後は，全員でやってみましょう。先生が「○○さんの……」と歌い始めるとあたった子どもは立ち上がります。終わったら次の人を指名していきます。誰があたるかドキドキ！

授業力アップのポイント

● ゲームは鉄板！　音楽の力で夏休みの交流をしてみよう
● 「問いと答え」で仲間と聞き合い

8 恐れることなく評定しよう！

3年目教師
＞評定って悩みます……。憂鬱です……。

＞堅く考えずに，子どもたち，保護者へのメッセージと思うようにしてみたらどうかな。

先輩教師

3年目教師
＞そうですね。評定を見て次は頑張ろう！　って思ってほしいですよね。

＞その通り！　限られた時間の中で，みんなの力を正確にしっかりと見取ってメッセージを伝えよう！

先輩教師

のびゆく姿をイメージして!!

　学期末。通知表や指導要録などのために「評定」をつけなくてはならない時期。日々の評価とは違い，総括的評価です（参照 p. 28）。

　小学校は，中学校に比べて評定化することに抵抗を感じる教師が多いように感じます。特に，関心・意欲面や思考面においては，その傾向が強いです。高校進学のための調査書などを見通した評定に，常日頃から向かっている中学校教員と向かっていない小学校教員との差なのかもしれません。しかし，せっかく多くの時間を費やすのですから，有意義な機会にしたいものです。単に子どもたちを区切る目的のみではなく，よりよい方向に導くという願いをもっておくことで，子どもたち，教師にとってプラスの方向へと働くはずです。自信をもって評定をしましょう。根本に子どものびゆく姿がイメージされていれば恐れることはありません。

評定の方法あれこれ

〈授業観察〉

オーソドックスな方法です。全てを見取るのではく,なにを中心に評価するのか,ある程度絞っておくことが大切です。その際「先生,今日はみんなの〇〇を頑張っている姿を見るからね」と伝えておくと子どもたちの意欲につながります。

〈ビデオ・ICレコーダー〉

あとでじっくりみたときは,ビデオにとっておくのもいいですね。グループの話し合いの様子を聞きたいときは,ICレコーダーを持たせておくのもおすすめです。

〈学習プリント〉

低学年は,選択肢を中心に。高学年は記号や文章で表現できる欄を設けると,子どもの思考や願いが表出しやすくなります。

〈ペーパーテスト〉

小学校の音楽ではあまりなじみがないかもしれません。特に思考面をみたいときに行います。

ポイント
例「楽譜を見て,どんな風に演奏したいのか書き込みましょう!」

〈口頭試問〉

1人ずつこちらの質問に答えてもらう方法です。観察や学習プリントなどでは判断しにくいことを質問します。例えば,合奏中に気をつけたことや仲間の頑張りで見つけたことなどを質問します。担任だと給食準備中などちょっとした時間を活用するといいですね。

授業力アップのポイント

● 子どもたちののびゆく姿をイメージして,恐れることなく評定しよう

9 目的に応じてグループづくりをしよう！

3年目教師「グループでの活動を取り入れた授業がしたいです。」

先輩教師「いいことだよね。でも，なぜグループで授業したいのかな？」

3年目教師「なぜ？　う〜ん，楽しくできるからですかね……。」

先輩教師「なんのためにグループで学習するのか目的をしっかりもつことが大事だよ。」

◆学習内容に応じたグループづくり!!

　合唱や合奏の練習をするときには，パート別にグループをつくることも多いでしょう。その際，1パートの人数が多い場合は1グループ4〜6人ずつに分けます。グループのメンバー全員がお互いを見合える人数がよいでしょう。合奏の場合，それぞれのパートがある程度リズムやメロディーを習得したら，メロディーパートを他のグループに分散させて練習させましょう。メロディーパートがなかなか習得できない場合は，デモCDに合わせて練習させてもよいでしょう。

　合唱や合奏の練習以外の場面でのグループは低学年であれば普段からかかわりの多い生活班でよいでしょう。いつもの仲間とグループをつくることで，安心して学習に取り組めます。高学年の場合，思考の似た者同士をグループにするか，別にするかは活動内容によります。鑑賞したものからの音楽づくりをするのであれば似た者同士がよいでしょうし，0から何かを生み出す音楽づくりであれば偏りのない方が子どもたちの音楽的視野も広がるでしょう。

グループづくりでより深い学びに！

〈合唱のグループ分け〉

①ソプラノとアルトなどのパート別にグループをつくる。

②さらにそのグループからお互いがよく見合えるような，4〜6人ずつの小グループをつくる。

※各グループによく声が出る子，正しい音程が取れる子，リーダーになれる子や友達のよいところを見つけて伝えることができる子などがいればより深い学びにつながるでしょう。

〈合奏のグループ分け〉

①楽器ごとにグループをつくる。

②メロディーパートを各パートに派遣。

※単元後半は，打楽器パートなどにメロディーパートを派遣します。打楽器担当の児童はどのタイミングで打つかがわかり，メロディーパートの児童は，打楽器のリズムによりテンポがずれることなく練習することができます。

〈音楽づくりのグループ分け〉

①場面ごとにグループに分ける。

②アドバイスし合えるペアグループを設定する。

> **ポイント**
> 人数や学級の状況，学習内容に応じて，臨機応変に！

※意図的に男女を混ぜ，好みの違う子どもを同じグループにすれば，考えの幅を大きく広げることができるでしょう。それをどのように1つにまとめていくかを話し合うことが考えを深めていくことにつながるでしょう。また，ペアグループを決めておくと，交流やプレ発表の機会などをもつことができます。

授業力アップのポイント

● 活動内容によって意図的にグループ分けを
● 少人数グループで主体的・対話的で深い学びができるように

2章　音楽指導　ステップアップの授業テクニック43

10 みんなノリノリ音楽ネタ①
拍にのって1，2，3！

3年目教師

音楽の授業で，全ての子どもたちが活躍できる場をつくりたいんですよね。

そうだよね。音楽の授業が終わった後，みんなに楽しい気持ちでいてほしいよね。

先輩教師

3年目教師

はい……。でもなかなかうまくいかなくて。

グループやクラスみんなで同じ拍を感じてノリノリになるこんなネタはどうだろう？

先輩教師

◆ 動きと心を合わせよう！

「○○しながらみんなと拍を合わせる」楽器を演奏しながら，自分のパートを歌いながら……。○○には様々な言葉を入れることができます。簡単なようで2つのことを同時にすることは難しいことです。最初は，○○の部分をできるだけ簡単にして，「みんなと拍を合わせる」一体感を十分に感じさせましょう。徐々に難しい課題にしていくと盛り上がりますね。

毎回の授業の最後などに，数分取り組むだけでも十分！　みんなと拍を合わせるとはどのようなことか身体活動を通して感じさせることができます。間違いを恐れることなく，楽しい雰囲気でみんなニコニコしながら行いたいものです。

どの学年でもすぐに取り組めます。普段はおとなしいあの子も，「音楽苦手！」と言っているあの子も，身体活動を取り入れることで笑顔いっぱいで友達の動きを真似していることでしょう。

みんなノリノリになる活動の流れ

①教師の真似をする

　何度か繰り返して行うことで，どのようなことをするのか見通しをもたせましょう。

　先生「①，②，③，ハイ！」子ども「①，②，③，ハイ！」

ポイント
ユニークな動きを取り入れていきます！

②①と②と③の動きを考える

　今度は教師役を子どもたちに任せます。「①の動き，②の動き，③の動きを違うものにしてみよう」と考えさせます。動きとともに声をつけてもいいですね。

③友達の動きを真似しよう

　数名を教師役として前に立たせます。

　教師はカスタネットなどで拍を打ちます。慣れてくると①の動きのまま3拍伸ばす子，わざと何も動かない子などが出てきます。それらも全て認めていきます。学年に応じて音符や休符などと結びつけてみるのもいいですね。

ポイント
どんどんレベルアップ！

　最初は，細かいことは気にせず，全身で拍を感じ，みんなと拍を合わせる心地よさを味わわせてみましょう！

授業力アップのポイント

●学年に応じてレベルを変えて，みんなで動いてニッコニコ

11 みんなノリノリ音楽ネタ② ボディーパーカッション

3年目教師

学級の中には音符が読めない子やリズムが取れない子がたくさんいるんです。その子たちも楽しめる授業をしたいんです……。

ボディーパーカッションでリズムを身体にしみこませてみてはどう？

先輩教師

3年目教師

あー。それなら楽しくやってくれそうですね！

そうそう。身体を動かしながらいろいろなリズムを組み合わせていくから，みんなノリノリになること間違いなし！

先輩教師

 私が楽器！いい音出すわ!!

　ボディーパーカッションの活動は，学習指導要領に示されている「音楽を形づくっている要素」であるリズム，速度，強弱，音の重なり，拍などを意識しながら活動することができます。歌を歌ったり楽器を奏でたりすることに苦手意識がある子どもにとっては，歌や楽器が音程を取るだけで精一杯な活動になってしまうことも少なくありません。普段意識しにくい部分に着目できる楽しい活動になること間違いなしです。

　まずは手拍子から。みんなで一緒に手を叩くことからはじめます。ただの手拍子が実は四分音符や八分音符の繰り返し。一度，手拍子と音符がつながれば子どもたちから楽譜に対する抵抗感がなくなります。あとは，どれだけたくさんの音符が身体で表現できるかです。手だけでなく，足，おしり，おなかをたたいて楽しくリズムを奏でましょう。

　学年に応じて，難易度を変えていくことで，飽きることなく続けることができますよ！

ノリノリになる「ボディーパーカッション」授業の流れ

①手拍子でリズムをつかもう

まず子どもがなじみやすい4分の4拍子で手拍子真似っこをすることからはじめます。音符カードを黒板に掲示し，リズムと音符をつなぐようにします。4分の4拍子1小節分のリズムを繰り返すことで，しっかりとリズムが身体になじみます。

②足踏みなども取り入れて強弱をつけよう

十分にリズムを体にしみこませたら，足踏みなどを入れて強弱やアクセントをつける活動を入れましょう。いろんな動きで音を出すので楽しくノリノリになってきます。

③リズムとリズムを重ねよう

ベースのリズムにアレンジしたリズムを重ねていきましょう。どうやって音を出せばいいかグループで話し合うといいですね。1年生でも2重奏ならできるはず。6年生なら4重奏にチャレンジしてはいかがでしょう。

足：	タン	タン	タン	タン	タン	タン	タン	タン
手：	ッタ	ッタ	ッタ	ッタ	ッタ	ッタ	ッタ	ッタ
足：	ターーーン		タン	タン	ターーーン		タタ	タン
手：	タン	タタ	ッタ	タン	タタ	タン	ッタ	タタ

④発表をしよう

グループで考えたボディーパーカッションをみんなに発表しましょう。シンプルなリズムから順番に音を重ねていきます。全ての音が重なったら観客もノリノリになること間違いなしです!!

授業力アップのポイント

● 音符カードと手拍子をしっかりつないで
● ノリノリでリズムを奏でよう

2章　音楽指導　ステップアップの授業テクニック43　53

12 みんなノリノリ音楽ネタ③ おすすめの曲紹介

3年目教師

子どもたちがつながる。そんな音楽の授業にしたいんです。

そうだね、音楽を通じて、子どもたちがつながっていく姿、理想だよね。

先輩教師

3年目教師

難しいですよね……。何かいい方法ないですかね。

音楽を通して、互いのことを知る機会、認め合える機会をもてればいいよね。

先輩教師

◆ 音楽を通して、クラスの仲間のことを知ろう！

　もっとクラスの友達のことに興味をもってほしい。違いを認めて友達のことを知ってほしい。担任であれば誰もが思うことではないでしょうか。さあ、音楽の力を借りて、その一歩を始めてみましょう。

　音楽の教科書の掲載曲を鑑賞するとき、子どもたちはどんな様子ですか？じっと聴き入っている子もいれば、ノリノリで手拍子をしている子、あくびをしている子など、同じ曲を聴いても様々だと思います。では、同じクラスの子がすすめる曲を聴いたときはどんな反応をするでしょうか？　教師から一方的に提示した曲ではないため、より前向きに聴くことができるでしょう。「〇〇くんの選んだ曲、いい曲だね！」「〇〇さんのもっと聴きたい！」そんな声が出てくると、温かい雰囲気になりますね。

　自分の好きな曲を友達や先生が認めてくれるということは、安心感にもつながります。その曲のどのようなところがいいのか、クラスで順番に紹介していく活動を毎時間とってもいいですね。

活動の流れ

〈事前準備〉

おすすめの曲紹介カードを用意します。書く内容は

①曲名　②作曲者（アーティスト）　③おすすめポイント

の３つです。Ｂ６判ぐらいの，小さい紙で構いません。まず，先生がおすすめの曲をいくつか紹介すると書きやすくなるでしょう。予告しておくと，どの子も書きやすくなります。もちろん，今まで学習してきた曲でも構いません。

①おすすめの曲紹介タイム！

　空いた時間に，おすすめの曲紹介タイムをします。「今日は誰かな〜？」と言いながら，先生が選びます。事前に集めていた紹介カードを整理し，同じアーティストの曲を続けて比較してみたり，曲調の違うものを交互に流したり，工夫をするのがポイントです。

②おすすめポイント

　選ばれたら，紹介カードを見ながら曲名やおすすめポイントを発表します。

③音楽を聴く

　おすすめポイントの発表が終わったら，ＣＤプレーヤーやパソコンなどで，曲を流します。まずは，先生がその曲に浸ること！　子どもたちも，先生の姿を見て，安心して聴くことができます。

④感想を聞く

　曲が終わったら，感想を聞きます。「はじめて知った！」「ノリがいいね！」「この曲好き！」そんな感想が出ると，紹介したほうも思わず笑顔になること間違いなし！

授業力アップのポイント

- 自分のことを相手に伝える機会に
- 自分と友達の違いを認める機会に
- 新しいものに出会う機会に

みんなノリノリ音楽ネタ④ 音楽に合わせて群読！

3年目教師：今度，発表会で群読にチャレンジします。

先輩教師：群読は，音楽の学びの中でも大切な「合わせる」という点で，深い学びができるね。

3年目教師：音楽にも通じているんですね！ 群読の指導って，どのようにしたらいいんですかね。

先輩教師：ただ，読むのではなく，曲に合わせて群読するととても楽しい活動になるよ。

◆声を揃えて読むおもしろさを味わおう

　子どもたちが音楽室に来たとき，いつも元気いっぱいな状態とは限りません。「あれ，今日はいつもより元気がないな」このように感じることも日々あります。そんなとき，授業の導入にオススメのワークです。

　音楽にのせて群読していくのですが，リズミカルに読んでいくことを意識します。普段の音読と一味違った読み方に子どもも興味をもって取り組んでいきます。合唱のように，みんなと声を揃えてということに意識して取り組むと，ピッタリ全員の声が揃ったときの達成感があります。学芸会の出し物の1つとしても使えます。

　そして，このワークを続けていくことにより，大きくはっきりと声を出すことが上手になっていきます。また，達成感が積み重なることにより，「合わせる」ことの喜びが増していきます。こうした経験は，運動会の応援合戦や行事の司会，そして，卒業式の呼びかけなどにもつながっていきます。

活動の流れ

①群読していく詩や文章を読み，曲と合わせる

　取り組み始めて間もないときは，メトロノームやリズムマシンをかけて，言葉とリズムを合わせていきます。だんだん声を出すことに慣れてくると，次は音楽に合わせていきます。

　例えば，「じゅげむ」にベートーヴェン作曲「トルコ行進曲」を合わせることができます。

　　1じゅげむ　　2じゅげむ　　3ごこうの　　4すりきれ
　　1かいじゃり　2すいぎょの　3すいぎょう　4まつ

のように，文章のまとまりと音楽のフレーズを合わせていきます。

　「今日はテンポ90ぐらいでやってみようか」

　「みんなできてきたから，テンポ100でやってみようか」

とテンポを変えて取り組むことにより，子どもたちは速度の感覚を体感することにもつながります。

②手拍子や振付を入れると盛り上がる！

ポイント
「みんなで！」を大切
に進めましょう！

　だんだん暗唱ができ，音楽にも合わせて言えるようになってきたら，子どもの実態に合わせて手拍子や振り付けを入れるとより盛り上がっていきます。

③一体感を味わう

　声を出して，みんなと合わせることを繰り返していくと，みんなで取り組む達成感が得られます。隙間時間でもそのような体験をしていきたいものです。慣れてきたら，速くしたり，遅くしたりと速度を変えるとさらに盛り上がります！

授業力アップのポイント

●みんなでリズミカルに音読しよう
●友達と言葉を合わせて読んでいく楽しさを感じよう

2章　音楽指導　ステップアップの授業テクニック43　　57

14 みんなノリノリ音楽ネタ⑤ 隙間時間にノリノリ音楽！

3年目教師:音楽科の授業時間が少ないです！

先輩教師:いろんな音楽の経験を増やしたいという教師の願いは，少ない音楽の時間では難しいよね。

3年目教師:楽しい音楽経験をたくさんしてほしいんですよね。

先輩教師:音楽は，生涯にわたって「音を楽しむ」ことのできるものなんだから，ちょっとの時間でも音楽経験の場にしてしまうのが一番！

◆欲ばりに音楽の機会を増やす！

休み時間や給食のときも，寸暇を惜しんで，音楽に触れる機会をつくります。

○音楽を聴く
・学習に関連している楽曲（学習した作曲家の別の曲など）
・伝統音楽や外国の楽曲
・多様なジャンルの楽曲

○音楽の知識・技能を増やす
・作詞家・作曲家の肖像画
・音符，休符，記号や用語
・楽器の種類，奏法

○音楽を楽しむ
・踊る
・見る

楽しむことが一番！　様々な場面を利用してみましょう！

隙間時間にノリノリ音楽の活動の流れ

〈休み時間に〉

・休み時間になると同時に，曲を流します。さりげなく曲名や作曲家の名前，奏法，記号の意味などの説明パネルを貼ります。

〈給食の時間に〉

①事前にタブレット PC を使って，５問程度の音楽クイズを音楽係の子どもがつくっておきます（イントロクイズ，音符の名前クイズ，作曲家クイズなど）。

②給食の時間にみんなでクイズ大会を開きます。クイズを電子黒板に投影して，楽しみます。

〈伝統音楽ネタ〉

・箏，琵琶，篠笛，尺八，締太鼓などの楽器を展示し，子どもが実際に触れ，演奏できるようにします。

・長唄「勧進帳」を聴きながら，歌舞伎の真似をします。

> **ポイント**
> 短い時間でも楽しめます！

〈動画ネタ〉

・ライブ映像やコンサート映像を電子黒板に投影し，鑑賞します。

・ダンスのビデオを電子黒板に投影し，みんなで踊ります。

・年号暗記，単位暗記，元素記号暗記のためのミュージックビデオを見て覚えます。

←動画ネタは，不適切な場面，著作権侵害などに注意！

授業力アップのポイント

●音楽の学びに向かう力を高めるために，充実した（＝なるほど！　わかった！　できた！）10分間にしよう

2章　音楽指導　ステップアップの授業テクニック43　　59

15 みんなノリノリ音楽ネタ⑥ 「鑑賞」名マエストロになろう！

3年目教師

鑑賞の授業ってどうしてもダラダラとしちゃうんですよね……。

座っているだけでは楽しくないよね。身体全部で音楽を感じさせてみようよ！

先輩教師

3年目教師

そんなことできるんですか？？

オーケストラの指揮者にみんなでなってみよう！　みんなノリノリになること間違いなしだよ！

先輩教師

迷？マエストロ登場!!

　かっこよくタクトを振る指揮者。その動き1つで，音がどんどん変化してきます。全体をコントロールする姿は圧巻です。子どもたちにとっても憧れの存在である指揮者を鑑賞の授業に取り入れ，みんなノリノリの授業にしてみましょう！

　鑑賞の授業の大きな目標は「音楽を形づくっている要素から生み出される曲の特徴を捉え，音楽のよさを味わえること」です。また，学習指導要領の解説において，「体を動かす活動を取り入れること」と明記されています。教科書には，「威風堂々」「白鳥」「ハンガリー舞曲第5番」などクラシック音楽の曲が数多く掲載されています。「聴く→ワークシートに記入する→交流する」のパターン化した授業から，一歩踏み出して，これらの曲の曲想や雰囲気を身体で表現することから，特徴を感じさせる授業展開にチャレンジしてみましょう。いろいろなマエストロが登場して盛り上がることでしょう。

ノリノリになる「鑑賞」授業の流れ

①サイレントで指揮者の動きを見る

　まずは音を出さず，指揮者の動きがわかる映像を流します。きっと真似しだす子どもも出てくることでしょう。
　「さぁ，今どんな音楽が流れてそうですか。想像してみましょう」と問いかけ，指揮者の動きから曲をイメージします。

②曲を聴いて指揮をイメージする

　十分にイメージを膨らませた後，実際の曲だけを聴いてみます。「ぜんぜん違う〜！」「思っていた感じ！」など様々な感想が飛び出すことでしょう。
　「あなたが指揮者です。どう指揮するのか考えてみましょう」
できればタクトも用意して雰囲気をつくりたいですね。

③やってみよう！

　さぁ，いよいよ本番です。グループになって，交代で指揮者になってみましょう。「とりあえずやってみる！」ことが大切です。なぜそのようにしたのかは，振り返りながら考えていきます。

　観客は最初と最後の挨拶のときは，盛大な拍手をお忘れなく！

④エアオーケストラも登場！

　見ている人は，いろいろな楽器のパートを担当するのもよいですね。最後は，クラス全員オーケストラになり，コンサートを開くのも楽しいですね。

授業力アップのポイント

- 鑑賞に「体を動かす活動」を取り入れよう
- 最大の目標は，みんな笑顔で身体表現できること

16 一人ひとりが主役！みんなでつくる合唱の工夫

3年目教師：合唱っていいですよね。みんなの声が1つになったときって最高ですよね。

先輩教師：そうだね。でも，本当に一人ひとりの子どもがその喜びや楽しさを感じられているかな。

3年目教師：そう言われると……。ただ歌わされているという感じの子や埋もれてしまってあまり楽しそうでない子もいるかもしれません……。

先輩教師：みんなの心を1つにする合唱，目指してみようよ！

一人ひとりの役割で，合唱を作り上げよう！

　合唱については学習指導要領において，1，2年「互いの歌声や伴奏を聴いて」，3，4年「互いの歌声や副次的な旋律，伴奏を聴いて」，5，6年「各声部の歌声や全体の響き，伴奏を聴いて」と系統立てて示されています。

　合唱では，みんなの中に埋もれて，他人事になるのではなく，「自分がいなくちゃ」という思いをもたせたいものです。一人ひとりに役割を与えてみましょう。いつも全員で歌う必要はありません。授業のねらいに合わせてグループ活動も積極的に取り入れていきます。そこで忘れてはならないことは，この授業で何を学ばせたいのかはっきりとさせておくことです。そして教師も子どもたちもそれをわかっておくことです。目標がはっきりしていれば，話し合いもしやすいですし，教師も声かけしやすいですね。

　録音や録画をいつでもできるようにしておきましょう。毎時間の振り返りで使えたり，子どもの頑張りを記録したりもできます。

　一人ひとりにしっかりと目を向けていきましょう！

成功のポイント

①一人ひとりに役割を決める

　4，5人の小グループで練習をします。合唱で大切なのは，大勢の中の一人ではなく，一人ひとりが主役だと感じさせることです。そのためには，役割を与え，みんなのために自分は必要な存在だと感じさせましょう。

〈役割の例〉

班長　：中心になって，みんなを引っ張っていく。

録画　：ICT 機器で自分たちの歌声を撮る。

音楽　：キーボードで音をとったり，CD を流したりする。

書記　：楽譜にみんなの考えを書く。

副班長：班長とともに，みんなを引っ張る。

> **ポイント**
> 役割が意欲をもたらします！

②考える時間をつくる

　練習の後には，必ず今日の振り返りの時間をつくりましょう。自分たちの思いは伝わったのか，映像を見ながら確認しましょう。子どもたち自身に考えさせることで，「みんなでつくり上げている」と感じさせることができます。

③一人ひとりに声かけをする

　活動に参加しない子，すごく意欲的な子に目が行きがちですが，一人ひとりの成長をしっかりと言葉で伝えましょう。授業時間内で全ての子を見て言葉をかけるのは大変です。授業で録画した映像は残しておき，次の授業までに一人ひとりの様子をメモしておきましょう。伝えることを大まかに整理しておくと，声かけしやすくなります。「先生，ちゃんと見てくれている」と思うことが次の意欲へとつながることでしょう。

授業力アップのポイント

● 一人ひとりに役割を→自分自身に必要感をもたせる

● 考える時間をつくる→みんなでつくり上げている一体感をもたせる

● 一人ひとりの成長を言葉に→次への意欲へとつなげる

2章　音楽指導　ステップアップの授業テクニック43　　63

17 みんなでつくり上げる合奏の工夫

3年目教師
「合奏の練習っていつも「わー！」となってしまって，どこから手をつけていいのかわからなくなってしまうんです。」

先輩教師
「パート練習と全体練習をうまく組み合わせることが大切だね。」

3年目教師
「なるほど。でも時間は足りますか？」

先輩教師
「短時間で区切ること。繰り返していくごとにみるみる上達するよ！」

 全体のイメージをもって取り組む！

　まずは，CDでどんな曲を合奏するのか聴いてみましょう。音楽と出会う場面は大切です。「だんだん盛り上がっていくところがかっこいい」「主旋律を色々な楽器が演奏していたよ」「リコーダーの音が空を優雅に飛んでいる感じがして好き」楽譜を見ながら曲の全体のイメージをつかませ，共有します。文化的な背景を伝えるなどして，子どもたちに「演奏してみたい！」と思わせたいですね。

　しかし，イメージだけではうまくいかないのが合奏の難しいところです。一人ひとりの楽器を演奏する技術も必要になってきます。曲をいくつかに区切り，少しずつ練習していきましょう。曲全体のどの部分を演奏しているのか確認しながら取り組むことで，「僕は伴奏の役割だから小さく演奏しよう」など演奏に思いや意図が出てきます。それを共有しながら進めましょう。

　パート練習と全体練習をうまく取り入れ，「できた！」と「こうしたい！」が積み重なる時間にしていきましょう。

1時間の流れ

①今日演奏する部分を聴く

まずは今日演奏する部分の曲のイメージをしっかりもつことからスタートです。自分のパートはどんな演奏をするのか，全体の中でどのような役割をするのかなど確認するようにしましょう。

②パート練習

時間を決めてパート練習をします。グループでの教え合いは大いに称賛しましょう。楽譜を正確に演奏するだけではなく，イメージも共有させておくといいですね。子ども一人ひとりの実態に合わせて，楽譜の工夫もしましょう。

> **ポイント**
> ゴールイメージが意欲につながります！

③全体練習

パートごとに演奏します。自分のパート以外にどのような音楽が流れているのかよくわかります。イメージしたことを発表したり，書き込んだ楽譜を映し出したりしましょう。

さぁ，いよいよ，全体で合わせます。拍をわかりやすく示しましょう。「できた！」が次の意欲へとつながります。最後におまけで1曲全体を通して演奏します。全部演奏しても，今日練習したところだけ演奏してもいいことを伝えましょう。少しずつできるようになっていることに気づくはずです。

④振り返り

「自分のこと」「友達のこと」に分けて振り返りをします。自分や友達の成長や，友達と一緒に演奏する楽しさなどが実感できることでしょう。

授業力アップのポイント

●イメージと見通しをもって合奏の練習に取り組ませよう
●区切って練習を進めていこう

2章　音楽指導　ステップアップの授業テクニック43

18 えかきうたをつくろう！音楽づくり

3年目教師

音楽づくり，何をすればいいのやら……。

先輩教師

そう言っている先生は多いよね。あんまり難しく考えなくてもいいよ。子どもたちの自由な発想を引き出して楽しくやってみようよ！

3年目教師

そうですよね。楽しくやりたいです！

先輩教師

身の回りに楽しくできる教材は転がっているよ！

子どもたちの身近なものを題材に！

「音楽づくり」というと，何からどう手をつけていいのか……。と考えている先生もいるかと思います。そこで「えかきうた」をつくってみるのはどうでしょう。えかきうたとは「描く線や形を説明した歌詞を歌いながら一定の絵を完成する遊戯。またその歌」（大辞林，第3版）です。遊びが勉強になるわけですから，子どもたちにとって楽しくないわけがありません。（但し指導内容は明確に。ただ楽しいだけでは学びはありません！）また，「絵が完成するまでの歌を作る」というわかりやすい設定のため，どの子も見通しをもって活動に取り組むことができるでしょう。

「音楽づくり」をすると，一人ひとりこんなに豊かな発想をもっていたのかと驚くこともあります。音楽の時間に普段は目立たない子が大活躍するかもしれません。まずは，器楽や歌唱と同じように「音楽づくり」の授業をどんどんとチャレンジしていくことから始めてみましょう！

活動の流れ例

①えかきうたを楽しむ

いろいろなえかきうたを存分に楽しませましょう。紙に描きながら歌を歌います。

②えかきうたをつくる

例えば「ウサギ」のえかきうたをつくるとしましょう。絵を描きながら4つのパーツをどの順番で書くか決めます。いろいろな順番で歌いながら紙に描いて，決めるようにしましょう。

③でき上がった歌を交流する

黒板に書いたり，手元を電子黒板に映したりし，実際に歌いながら描いている様子を見せて交流します。

ポイント
指導内容に応じて，取り上げる作品を選ぼう！ いくつかの作品を取り上げると比較できてわかりやすいですよ。

「最後は，「あっという間に」がいいな」「目を豆に例えているのがわかりやすい」などの気づきがあるでしょう。①で遊んでいたえかきうたの中に沢山のヒントがあったことに気がつく子もいるでしょう。板書しておくと次の活動で参考になります。

④他のえかきうたをつくる

他にも4つにパーツ分けした「ペンギン」「ネコ」「クマ」の絵を用意しておきます（子どもたちが自由に考えてもよい）。交流での気づきを使いながら，再び自分でえかきうたをつくりましょう！

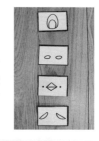

授業力アップのポイント

●歌は，頭だけで考えるより，絵を描きながら楽しんで考えよう

19 身体を使って音楽を感じ取ろう！ 楽しい鑑賞の工夫

3年目教師
> 曲全体を味わって聴いてほしいんですけど，集中が続かなくって……。

先輩教師
> 「聴きましょう。」だけでは楽しくないよね。身体活動を取り入れてみたらどうかな。

3年目教師
> 楽しそうですね！でも，がやがやしてしまいそうです…。

先輩教師
> 指導内容を明確にして，何に気をつけて聴いたらいいのかはっきりさせることが大切だね。

◆聴くポイントをはっきり伝えて！

　身体活動を取り入れて楽しい鑑賞の授業にしてみましょう。しかし，「曲に合うように自由に動いてみましょう」そう言って始めてしまうと収拾がつかないことになってしまうかもしれません。限られた時間の中で，授業を成立させるには，「何を教えたいのか（指導内容）」が重要になってきます。その教えたいことに沿った言葉かけが必要です。例えば曲想の変化を指導内容とするのであれば，「曲が変わったなと思うところがあれば動きも変えてみよう」という言葉かけが有効です。また，一度どのような曲なのかじっくりと聴かせ，「お城で踊っているみたい」「お姫様と王子様がダンスしている」と感じたことを出させます。そこから，「お城でどんな風に踊っているかな」と動きをイメージさせていってもいいですね。もちろん，動くことのみが目的ではないので，教師が「この動きにしてみよう」と基本の動きを伝えてもよいでしょう。指導内容がおさえられたら，次は曲全体を聴いて動いてみましょう。動くことで指導内容以外の部分での発見もあるかもしれません。

楽しい鑑賞の授業に向けてすべきこと

〈事前①　曲の分析〉

　この曲で教えたいことは（指導内容）？　子どもが気づくだろうと予想されるところは？　子どもの発言にすぐ応えられるようにCDであれば何分何秒のところにどのような曲が流れているかメモしておきます。「途中で，クルッて高い音が出てきた」など発言があればすぐに全員で曲を聴いて確認できます。

〈事前②　文化的な背景〉

　曲にまつわるちょっとしたエピソードを話すだけでも，食いつきが変わります！　例えば「ソーラン節」であればニシンの漁場での仕事歌であることを知るだけでも，イメージしやすくなります。

〈事前③　教室の雰囲気づくり〉

　この曲は，お城の中でワルツを踊っている曲ですか？　漁に出ている曲ですか？　いつもの教室にちょっと一工夫。写真を貼りだしたり，段ボールで小物を作ったりしてもいいですね。電子黒板やプロジェクターなどでその情景を映し出すのもいいでしょう。子どもたちが存分に，その世界に入り込める雰囲気をつくり出しましょう！

〈授業中　教師も一緒に自由に動く〉

　いきなり子どもたちを動かしません。イメージももてず固まってしまう子どももいます。教師が見本を見せます。まずはよく聴いている子をほめましょう。その後身体をつかって動くことを許可します。先生と楽しそうに動いている仲間の姿を見て徐々に他の子も引き込まれていくことでしょう。

授業力アップのポイント

●指導内容を明確に，子どもも教師も楽しく動いて音楽を感じよう

2章　音楽指導　ステップアップの授業テクニック43　　69

20 共通教材　生涯につながる音楽との出会いを

3年目教師
> 共通教材はどうやって指導したらいいんですか。

先輩教師
> 歌唱の共通教材はどれもすてきな歌だね。ずっと歌い続けられる楽曲ばかりだよ。

3年目教師
> 上手に歌うために，練習することも大事だし……。

先輩教師
> 歌への思いをどれだけ歌唱にのせられるかが勝負！　そのためには，音楽との出会いが大切だね。

◆共通教材は生涯の記憶に残る美しい曲！

　共通教材はどれもすてきな歌唱教材です。日本の美が歌詞やリズム，旋律にあらわれています。そのようなすばらしい共通教材ですから，CDを流して，何回か歌わせて，最後に感想を聞いて終わりなどという授業では，豊かな情操は育ちません。歌唱を通して，「いいな」「すてきだな」「もっと歌いたいな」と感じられるようにしていきましょう。そのような音楽との出会いは，一生の宝物となり，折に触れ，歌いたくなるものです。そのような出会いを保障するために，次のような授業の場の構成が必要です。

〈授業の中で子どもが活動する場の構成〉
　問題設定の場…歌い，よさや特徴などを感じ取り，表現への見通しをもつ。
　自力活動の場…感じ取ったよさや特徴などを，比較し，表現を工夫する。
　交流活動の場…友達同士，歌唱の工夫を，言葉や歌で表現し合う。
　評価活動の場…考えて歌い，感じた音楽のよさを表現する。

授業の流れ

〈第2学年「虫のこえ」〉

　学習のポイントは，出てくる虫がどのような声で鳴いているのか，歌詞から想像をふくらませることです。想像したことをもとに，歌い方を工夫します。

問題設定の場…歌詞を読み，「どのような声で鳴くのかな」と見通しをもつ。

自力活動の場…声を想像し，歌い方を考える。「高い感じがするから，チトリのところをはっきり歌ってみよう」

交流活動の場…①それぞれの歌い方を発表し合う。

　　　　　　　　②お気に入りの歌い方で仲間を3グループつくる。

　　　　　　　　③交互唱で歌う。3グループの組み合わせを変えて歌う。

評価活動の場…交互唱の振り返りをする。「松虫グループの歌い方はきれいで，一緒に歌って楽しかった」

〈第6学年「ふるさと」〉

　ハーモニーを大切にして歌うと，大変心地よく感じられる音楽です。学習のポイントは歌詞の内容を一人ひとりがしっかりと考え，理解することです。

問題設定の場…範唱を聴き，この歌の内容について見通しを持つ。

自力活動の場…歌詞の意味を調べ，歌い方を考える。「『いかにいます父母』と心配しているようだから，やさしく歌ってみよう」

交流活動の場…①それぞれの歌い方を発表し合う。

　　　　　　　　②交流した結果をもとに，合唱する。

評価活動の場…合唱の振り返りをする。「故郷の様子に合わせて，みんなで美しく歌うことができたのでよかった」

授業力アップのポイント

● 子どもたち一人ひとりの活動の場を保障する
● 授業の後，「この歌が好き」と子どもが言ったらその授業はOK

2章　音楽指導　ステップアップの授業テクニック43

21 日本の文化に触れる！伝統音楽

3年目教師：日本の伝統音楽にこだわりたいです。

先輩教師：わらべ歌や遊び歌，民謡，どれもすてきだよね。

3年目教師：何とか日本の伝統音楽のよさを子どもたちが感じ取れるようにしたいんですよ。

先輩教師：日本の伝統音楽に触れることは，国際人として必要な経験！ 鑑賞にとどまらず，口唱歌や和楽器の演奏もやってみよう！

◆日本の文化を聴いて，触れて，体感する！

　時代や社会の変化を超えて残っている日本の伝統音楽。グローバル社会で生きていく子どもたちにとって，自国の文化を理解することは大切です。音楽の面でも日本の文化を知っていく必要があります。

　日本の伝統音楽を扱う際は，わらべ歌や遊び歌，民謡などを鑑賞するだけでなく，実際に歌唱し，和楽器を用いて演奏することが大切です。口唱歌や動作化を用いながら伝統音楽を歌ったり，演奏したりする学習は，日本の伝統音楽のリズムや旋律を学ぶ際に効果的であり，音楽づくりにも生かすことができます。特に，和楽器に触れて音を出すことは，より子どもの音楽観を広げることにつながります。「箏はこんなに大きな楽器なんだ」「箏を鳴らすために爪をはめて弾いて音を出すんだ」「弾いた音はだんだん消えるように小さくなるんだ」といった思いを抱くことが，日本の伝統音楽について知る契機になります。

活動の流れ

①わらべ歌を遊んで覚える

　わらべ歌はもともと遊び歌なので，授業で扱うときは，しっかり遊んでから学びを進めていきます。

　　○「一もんめの一助さん」
　　　　一もんめの　一助さん
　　　　一の字が　　大好きで
　　　　一万一千一百石
　　　　一斗（いっと）一斗　一斗まの
　　　　お蔵におさめて　二もんめに渡した

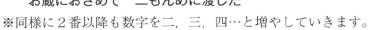
遊びを存分に楽しませることを忘れずに！

※同様に2番以降も数字を二，三，四…と増やしていきます。
　この曲はもともと手まり歌なので，ボールをつきながら遊びます。

②わらべ歌のオスティナートまたは，通奏低音を箏で練習する

　遊びながらメロディーを覚えてきたら，オスティナートを箏で練習していきます。「二，一，二，二」を1つのフレーズとして，何度も繰り返しをしていきます。箏の特性として調弦を変えることは容易なので，子どもの歌いやすい調に変えて設定しておくとよいでしょう。

③メロディー（歌）とオスティナート（箏）を合わせる

　オスティナートの練習ができたら，歌と箏を合わせていきます。メロディーとオスティナートを，きれいに合わせることができると，合唱のスキルアップにもつながります。

授業力アップのポイント

- 伝統音楽に触れることで日本の文化について考える契機にしよう
- 鑑賞するのみならず，実際に歌唱，演奏してみよう

22 他国の音楽に親しもう！

3年目教師
　西洋の曲だけでなく，近隣諸国の音楽も授業で扱いたいと思ってるんですよね。

　歌集などにも外国の歌が掲載されているよね。

先輩教師

3年目教師
　へー。歌唱以外にも授業で，取り組めることってありますか。

　もちろん！　演奏や踊りの体験などどうかな。楽しくできることが一番だね！

先輩教師

体験してみよう

　「休みの間にバリ島に行ってきたよ」「今度韓国に旅行に行く」最近では，このような会話が，小学校で行われていることも珍しくありません。一昔前よりも外国を身近なものと考えている子どもも多いことでしょう。

　音楽の時間に近くの国の音楽を取り扱うことで，日本の音楽にも目を向けさせる機会となるかもしれません。国際理解教育につなげることもできるでしょう。

　授業では，歌だけでなく，体験を取り入れ，楽しみながら学ばせてみましょう。実際その国に行ったことがあるのであれば，写真とともに子どもたちに紹介してもいいですね。体験だけして終わってしまっては「楽しかった」だけの印象になってしまいます。体験の後，本場の映像を見せてみましょう。チャンスがあれば，その国の方にゲストティーチャーとしてお越しいただければ最高ですね。「すごい！」「他の国にもこんな素敵な音楽や伝統があるんだ」そう思える時間にしていけるといいですね。

活動例

①チャンゴを演奏してみよう

韓国・朝鮮の代表的な打楽器です。バチを使って叩きます。どの学年の子どもも，音を出すことができるので楽しんで演奏できます。

チャンゴにかかわらず，実際に楽器を触ることができるのは，子どもたちにとってとても貴重な体験です。近くの小学校や中学校などに聞いてみると持っている学校もあります。ぜひ子どもたちに本物と出会わせてあげましょう。

②ケチャを鑑賞してみよう

インドネシアのバリ島の伝統芸能です。初めは音だけを聴かせてみよう。インパクトがあるので，子どもたちも興味をもって聴くでしょう。その後，説明をしながら画像を見せましょう。4種のリズムパターンで構成されているので，実際に子どもたちがケチャを体験してみるのも楽しいです。最後にもう一度ケチャを聴いてみると……。きっと最初のときとは違った聴き方をしているはずです。

③バンブーダンスをしてみよう

フィリピンなどに伝わる竹を使ったダンスです。最初はステップ，竹の打ち方別々に練習をしましょう。それぞれのやり方がわかれば曲に合わせて踊りましょう。竹が必要な本数集まらないときは，ゴムで代用したり，床にテープを貼って竹代わりにしたり工夫してください。竹に手や足が挟まれないように注意しましょう。

最後に本場の映像を見せると「すごい！」と歓声が上がるでしょう。

授業力アップのポイント

- いろいろな国のよさを体験で発見
- できる限り本物に出会う瞬間を

23 他教科とコラボしよう！
～生活科編～

3年目教師

> 生活科で，音楽科との積極的な関連を図って，指導の効果を高めるといわれていますけど，どのようにしたらいいのですか。

先輩教師

> まずそれぞれの教科の目標を見失わないことが大切だね。

3年目教師

> 音楽科なのか，生活科なのか，どっちつかずになりませんか。

先輩教師

> どちらの教科の学習成果を活かすように目標設定するのか，または合科的に取り扱って目標設定するのかを明確にすることで，指導の効果が高まるよ。

◆ それぞれの教科の学びの成果を意識して指導する！

　新学習指導要領生活科では，低学年において他教科との積極的な関連を図って，音楽科の指導の効果を高めることをねらっています。また「特に小学校入学当初においては，生活科を中心とした合科的・関連的な指導や，弾力的な時間割の設定を行うなどの工夫をすること」としています。生活科との合科的・関連的な指導のポイントは次のとおりです。

　○ 「音楽科」⇒「生活科」
　　・音楽科の学習成果を，生活科の学習に生かす。
　○ 「生活科」⇒「音楽科」
　　・生活科の学習成果を，音楽科の学習に生かす。
　○ 「音楽科」＋「生活科」
　　・音楽科と生活科の目標や内容の一部を組み合わせて，具体的かつ総合的に学習を進め，それぞれの目標を実現する。

授業の流れ

〈第1学年：音楽「たこたこあがれ」⇒生活「ふゆのあそび」〉

　音楽科のわらべうたの学習の中で，たこあげを想像しながら歌唱したことを，生活科の遊びの中で実際に歌いながら体験します。

　①たこあげを想像しながら，「たこたこあがれ」を歌う。

　②「ふゆのあそび」で「たこたこあがれ」を歌いながら，たこ揚げをする。

〈第2学年：生活「はるをさがそう」⇒音楽「春がきた」〉

　生活科の春の探検の中で，たくさん体験してきた春の自然の様子を，歌唱の際に生かします。

　①「春がきた」を歌う。

　②歌詞や曲の気分から，生活科で体験したことを想起する。

　　「生活科で探検したときのことと，歌詞を比べてみましょう」

　③想起したことをもとに，歌い方を工夫する。

〈第1学年：音楽「1年生の学校生活」＋生活「新1年生を招待しよう」〉

　次の春に新1年生となる幼児を学校に招待し，自分たちの1年間の学校生活を紹介します。

・音楽科の目標…「1年生の学校生活」の歌を，伴奏や友達の動き，友達の
　　　　　　　　声に合わせて歌う。

・生活科の目標…1年間の学校生活を振り返り，気づいたことを「1年生の
　　　　　　　　学校生活」の歌詞にのせる。

授業力アップのポイント

●生活科と音楽科の目標や学習する内容を明確にして，授業づくりをしよう

2章　音楽指導　ステップアップの授業テクニック43　　77

24 他教科とコラボしよう！
～社会科編～

3年目教師

今度，6年生の社会科で，国歌を勉強するんですよ。

社会科では，3年，4年，5年と国旗「日章旗」の学習をしてきた上で，6年生になって国歌「君が代」も尊重するよう学習していくんだよ。

先輩教師

3年目教師

国旗・国歌の指導は難しそうで……。

音楽科では「国歌『君が代』は，いずれの学年においても歌えるよう指導すること」とされているので，それと関連づけて指導するといいよ。

先輩教師

それぞれの教科の学びの成果を意識して指導する！

　学習指導要領解説社会編（平成29年）では，『国歌「君が代」については，音楽科における指導との関連を重視するとともに，入学式や卒業式などにおける国旗や国歌の指導などとも関連付けながら指導することが大切』としています。

　音楽科の指導としては，「必要なときには，児童がいつでも歌えるようにしておかなければならない」ので，社会科と関連する指導のポイントは次のようになります。

| 国旗・国歌
＝<u>その国の象徴</u> | ・大切
・互いの国を尊重 | | 具体的・体験的な場面で指導する |

国旗・国歌は具体的・体験的な場面で指導！授業の流れ

〈第3学年：社会「地域の販売の仕事」←第1学年：音楽「ひのまる」〉

　地域の販売の仕方を調査する中で，商品がどこから来たのかを調査し，絵地図にまとめる活動の際，国旗を絵地図に書き込みます。その際，第1学年の音楽科で学習した「ひのまる」を想起しながら，国旗のイメージを高めます。

　①スーパーマーケットの見学で調べた商品の産地を国旗であらわす。

　②「ひのまる」の歌を歌いながら，日章旗を書き込む。

〈第4学年：社会「国際交流に取り組んでいる地域」←音楽「各国の国歌」〉

　国際交流に取り組んでいる地域を調査する際，姉妹都市提携している外国の国の国歌と，「君が代」を聴き，調査への見通しをもちます。

　①「君が代」を聴く。

　②「進め 美しのオーストラリア」（オーストラリアの国歌）を聴く。

　③大阪府池田市と姉妹都市になっているオーストラリアのローセストン市について，交流の実態を調査する。

〈第6学年：社会「国際的なスポーツ交流」←音楽「各国の国歌」〉

　オリンピック・パラリンピックによる他国との交流の実態を調べます。その際，表彰式の様子を動画で見て，調査への見通しをもちます。

　①オリンピック表彰式で日章旗が掲揚され，国歌が流れている動画を見る。

　②他国の国旗も掲揚していることに着目し，異文化交流について調べる。

授業力アップのポイント

● 国旗・国歌は歌うだけ，説明するだけの指導にしない

● 具体的な場面で，体験的な学習の中で扱う

2章　音楽指導　ステップアップの授業テクニック43

25 他教科とコラボしよう！
～国語科編～

3年目教師

国語の教材でもある物語には，歌の歌詞がでていたりしますよね。何か音楽の授業につなげられないですかね。

いいところに目をつけたね。共通点はいっぱいあるよ！

先輩教師

3年目教師

やっぱり！　物語に歌詞がのっているのもありますよね。

そうそう，でもそれだけじゃないよ。学び方の仕組みにも共通点があるんだよ。

先輩教師

◆音楽科，国語科それぞれのよさを使おう！

　国語の教科書に載っている教材には，話の途中で，音や音楽が出てくるものもあります。それらを実際に音楽で奏でてみてはどうでしょう。登場人物の心情を考えた上で，その心情に合う音楽をつくってみたり，音読のときに合うバックミュージックを考えてみたり，同化して登場人物の心情を考えることや情景を想像するのにつながります。

　詩の学習では，意味調べをしたり，詩の作者について調べたり，行間を想像したりします。そこから，どのように音読したら，詩のよさが表現できるのか考えるといった授業展開もよく目にします。それは，歌唱の指導を行う時にも似ていませんか。歌詞を理解し，それを表現するという活動は，国語科に共通するものがあります。声の大きさや速さ，リズムなど，表現方法は様々です。国語科と音楽科のそれぞれのよさを使うことで，より豊かな表現ができるようになることでしょう。

国語科とのコラボあれこれ

①物語文「三年とうげ」「くじらぐも」

・「三年とうげ」の後半で「おもしろい歌が聞こえてきました」とあります。音楽の時間に旋律を考えてみてもよいでしょう。この物語文が，韓国・朝鮮の昔話であることから，この学習が行われている頃に音楽の時間にチャンゴやプクといった楽器を学ぶ機会を設けたり，韓国・朝鮮の歌を歌ったりするのもいいですね。

・「くじらぐも」では，雲のくじらに乗った子どもたちが歌を歌う場面があります。「みんなが雲に乗ったらどんな歌を歌いたいか」と問いかけ，登場人物になって歌ってみるのもいいですね。登場人物に同化し，心情を考えることができるでしょう。

②詩「私と小鳥とすずと」

> **ポイント**
> 言葉から感じたことを表現する。国語と音楽の共通点を活かそう！

詩の技法は，リフレインや比喩，擬人法，体言止め，韻を踏んだり，リズムがあったりと様々です。
まずはどのような技法が使われているのか，考えます。作者の思いを想像してみましょう。その後どのように読むのか，読み方を工夫させてみましょう。声の大きさ・速さ・リズム・抑揚など，いくつかのポイントを示しておくと，考えやすくなります。

この経験は音楽科の時間に歌詞から想像し，音楽的表現を工夫するときにも活かせます。

「私と小鳥とすずと」のように，詩に曲がついているものもあります。歌になると，また違った雰囲気を味わうこともできるので，詩を学習した後に鑑賞するのもよいでしょう。

授業力アップのポイント

●国語科の学習を深めるのに音楽を活用しよう
●国語科で学習したことが音楽科で活かせるようにしよう

2章　音楽指導　ステップアップの授業テクニック43

26 他教科とコラボしよう！
～体育科編～

3年目教師
「次の時間体育だよ」って言うと，歓声があがるんですよね。体育って子どもに人気なんですよね。

先輩教師
そうだね。体育のその人気をうまく利用してみようよ。

3年目教師
体を動かしたり，ゲーム化したりしてもいいってことですか？

先輩教師
そうそう！　きっと笑顔が広がるよ！　体育好き＝音楽好きになればいいよね！

◆体育のよさを大いに利用しよう！

　いつの時代も体育科は，男女ともに大変人気の高い教科です。「体を動かしてすっきりする」「仲間と一緒に活動できる」「できなかったことができるようになる」「ゲーム的な要素が多くて楽しい」といったことが体育科の魅力としてあげられます。音楽科と体育科，全く違うものに思われがちですが，こうして魅力を考えてみると共通する場面も浮かんできますね。

　体育科の各領域の目標には次のようなものがあります。「リズミカルな助走から跳ぶ，軽快なリズムに乗って踊る，タイミングよくバトンを渡す……」など音楽の要素，特にリズムを含んだものがたくさんあります。実際の体育の活動においても，音楽科は大いに活用されています。まずは教室から飛び出すだけでもOK！　音楽科においても体育科のその力を大いに活用して，楽しい授業にしてみましょう。

体育科とのコラボあれこれ

〈身体活動〉
・グループでまりつきをしながら、そのバウンドに合わせて「あんたがたどこさ」を歌う。
・「一羽のカラス」「ゆうびんやさん」「大波小波」の歌詞に合わせて大縄跳びをする。
・「イルカはざんぶらこ」など3拍子の歌をうたいながら、バンブーダンスをする。

〈仲間とのつながり〉
・手をつなぎ、円になってステップを踏みながら「かごめかごめ」を歌って遊ぶ。
・曲のイメージを膨らませて、グループで身体を用いて表現する。

〈達成感〉
・音楽をかけながらマラソンをする。拍に合わせて一定の速度で走り切る。
・一定のリズムにのせて、みんなの動きを合わせてダンスをする。
・より遠くに跳ぶための助走のリズムやハードルをスムーズに跳ぶためのリズムに合ったメロディーをグループで考える。

〈ゲーム化〉
・ボール運動で、自分たちのチームの応援歌を考える。
・最後は鬼遊びになる「むっくりくまさん」「あぶくたった」や「はないちもんめ」「なべなべそこぬけ」など歌の伴う伝承遊びなどの曲を使って遊ぶ。

授業力アップのポイント
● 人気の高い体育を活用しよう
● 特に「リズム」を指導する際には最適

27 他教科とコラボしよう！
～図画工作科編～

3年目教師

いろんな曲を指導してきましたが，いつも同じパターンになってしまうんですよね。

思い切って図画工作科とコラボさせて音楽の授業を進めてみてはどうだろう？

先輩教師

3年目教師

そんなことできるんですか？　確かに図工は大好きな子たちも多いですけど。

同じ芸術教科ともよく言われるこの2教科！　相性はいいんだよ！ぜひやってみよう！

先輩教師

曲を絵で表現！絵を曲で表現!!

　音楽科と図画工作科の似ているところは，表現するというところ。そして，課題によっては制限があるけれど，自由な部分が多いというところ。自分が感じ取ったものを想像力豊かに表現できる場を設定しましょう。低学年は抽象的な絵を描くことが苦手です。具体的な場面をイメージしやすい鑑賞曲を活用しましょう。

　自由な表現を苦手に感じることが多い高学年には，歌詞の読み取りから表現活動に入るとよいですね。歌から感じ取った解釈を自分で整理し，絵に表し，それを歌で表現してみましょう。音楽の学習の間に図画工作の活動を取り入れることで，イメージを具体化できます。描いた作品を共有することで，違った解釈が1つにまとまったり，新しい解釈でイメージが広がったりします。

図画工作と音楽　夢のコラボレーション！

①曲を聴いて絵で表現‼

　低学年であれば，鑑賞曲名に動物の名前が入っているだけでイメージが広げやすくなります。その動物はどこにいてどんな動きをしているかを描くことは低学年でも取り組みやすいでしょう。高学年であれば点や線などで抽象的に描く方が抵抗なく取り組めるかもしれません。曲のイメージの強弱，明暗を色や線の強弱，明暗と重ねさせるとよいでしょう。

②図画工作で作った作品に音をつける

　1人で音楽づくりをするときには作品に合う楽器，奏法，強弱，速さなどを工夫して表現させるようにします。グループでするときには，作品を並べてストーリーをつくってから音楽づくりをすると楽しめます。イメージを共有して使う楽器を選びます。その後は1人のときと同じような方法で表現をさせましょう。

③より深い合唱にするために

　歌詞に情景がたくさん描かれているものは，歌詞

> **ポイント**
> 図工の楽しさを大いに利用しましょう！

から1枚の絵を仕上げましょう。どんな思いを込めて描いたかをお互い伝え合えば，さらに歌詞の意味を深く読み取れることでしょう。歌詞の内容がストーリーのようになっていて，1枚の絵にすることが難しい歌の場合，歌詞の一部分を抜き出しレイアウトしてもよいでしょう。文字の形，大きさ，色，配列の表現が歌の表現につながります。

授業力アップのポイント

- ●文章で表現することが苦手な子におすすめ，曲を絵で表現，絵を曲で表現
- ●思いをのせるために，感じ取ったことを絵で表現

28 他教科とコラボしよう！
～特別活動編～

3年目教師
　特別活動の時間で音楽が活かせないですか？

先輩教師
　いかせるよ！　学級づくりにも活用するよ。

3年目教師
　そうなんですか？

先輩教師
　音楽は，みんなの心を1つにする力，みんなを前向きにする力があるんだよ！

◆ 特別活動と音楽科のコラボで，明るい学級づくり

　特別活動の時間に，学級目標を考えるクラスは多いのではないでしょうか。こんなクラスにしたい！とみんなで話し合って決めたものの，数ヶ月経てば子どもたちはそのことを忘れている……。そんなことはありませんか。そこで，学級目標をクラスソングにしてみましょう。作った歌を定期的に歌うことで，今のクラスの様子と比較することもできます。「ここがまだできていないから頑張ろう！」「これはできている！」と，前向きな気持ちを生み出すことができるでしょう。

　特別活動では「学級における生活をよりよくするための課題を見い出し，解決するために話し合い，合意形成を図り，実践すること」（学習指導要領）が大切です。目標を決めて終わりではなく「PDCAサイクル」を意識して，その過程を大切にしてみましょう。

　学期ごとに，達成状況や，現状をもとに2番，3番と歌を増やしていくのもいいですね。

PDCAサイクルの流れ

①P（plan 計画）どんなクラスにしたいか考える

　どんなクラスにしたいのかを話し合います。目標が決定すれば，子どもたちの知っている曲に当てはめていきましょう（オリジナル曲でもOK）。うまく当てはまらないところは，少し言葉を変えたり，同じ言葉を繰り返したりしながら，調整します。

②D（do 実行）歌う

　できあがったクラスソングは，音楽の時間や特別活動の時間，朝の会など，いろいろな場面で歌います。子どもたちが親しみをもって歌えるようになるといいですね。慣れてきたら，手拍子や楽器を入れると盛り上がります！

③C（check 評価）振り返る

　歌いながら「今のクラスはどうかな？」と，振り返らせることも大切です。できていないことばかりでなく，できていることにも目を向けたいですね。

④A（act 改善）何をすればいいのか具体的に考える

　目標を達成するために今の自分ができることは何か具体的に考える時間をとります。一人ひとりが考えることで，素敵なクラスに近づくことでしょう。

　そしてまたPlanが進みます。歌を作り変えてもいいですが，再度学級目標を考え，2番として歌にしてもいいですね。

授業力アップのポイント

- PDCAサイクルを意識した学級目標に
- 歌にして学級目標を身近なものに

29 やってみよう！音楽科のプログラミング教育

音楽科でもプログラミング教育しなければならないようですけど，どうしたらいいんですか。

3年目教師

音楽科でのプログラミング教育は，体験的な学習が大切だよ。

先輩教師

音楽を打ち込みするのすら難しいのに……。

3年目教師

プログラミング教育は，コーディングではないよ。音楽の活動を通して，「プログラミング的思考」を身につけるんだよ。

先輩教師

◆音楽科のプログラミング教育は必修！

　これからは「AI」の時代です。すでに人工知能が，音楽を創造する時代になっていますから，音楽科でもプログラミング教育は，これからの時代を生きる子どもたちにとって，とても重要です。しかし，シークエンスの方法やコーディングを学習するのではありません。ICTを活用し，「プログラミング的思考」を身につけます。そのポイントは次のとおりです。

- 問題を解決するために，「こうすれば，こうなるだろう」という見通しをもって，解決の最短距離を追究する活動。
- ICTを活用した体験的な創作活動。
- 音楽を形づくっている要素を再構成。
- コンピュータ＜ライブ…タブレット端末でどんなに優れた音楽ができようとも，ライブにはかなわない。したがって「つくる＋実際の表現」が大切。
- やりたいこと（＝問題解決）の基本は，「順次，分岐，反復」

音楽科のプログラミング教育　活動の流れ

〈低学年：曲に合う，言葉遊びをしよう〉

　季節などを想起して，思いつくままにタブレット PC 上の付箋カードに言葉を書き，その言葉を3つの処理の考え方で，並べ替えます。

〈実践例〉「お祭り」

　カード：そーやれ　ドンドン　ドン　きれいなだんじり　ひっぱれ

①順次処理…カードの順番を考える。

②分岐処理…「ゆっくり」や「速く」など曲の速さに合う言葉を選ぶ。

③反復処理…どの言葉を繰り返すか考え，カードをコピーし，ペーストする。

〈中学年：記号を使って音楽をつくろう〉

　作曲ソフトを使い，小節単位で思いつくままに旋律をつくり，できた小節を並べ替え，音楽づくりをします。その際，「リピート記号」「1番括弧」「2番括弧」を必ず使う条件を設定します。

①順次処理…小節の順番を考える。

②分岐処理…「明るい感じ」や「元気な感じ」など曲想に合う小節を選ぶ。

③反復処理…曲想に合わせて，どの旋律を繰り返すとよいか考える。

〈高学年：「Scratch」で音楽をつくろう〉

　「Scratch」は MIT メディアラボが開発したプログラミング言語学習のためのウェブアプリケーションです。タブレット PC を使って，音楽づくりをします。

授業力アップのポイント

● 「こうすれば，こうなるだろう」という見通しを大切に，「順次，分岐，反復」の考え方を使おう

2章　音楽指導　ステップアップの授業テクニック43　89

30 異校園種間交流で，すてきな音楽との出会いを！

3年目教師

今度，幼稚園の子どもたちが学校見学に来るんですよ。

違う校園種の子どもたちとの出会いは，普段できない経験ができる場だね。

先輩教師

3年目教師

すてきな音楽交流会ができたらいいな。

しっかり相手の先生と打ち合わせをして，ねらいを明確にすること。その中で，音楽を通してうれしい！すごい！楽しい！と思える交流にできるといいね。

先輩教師

◆すてきな音楽交流を！

　異校園種間の音楽交流で，お互いの発表を見せ合うだけの交流にするのはもったいない！　お互いの音楽経験を共有することで，何が獲得できるのかを明確にし，音楽を通して喜びや達成感を味わえるようにします。

○音楽経験の発信⇒発表できて「うれしい！」
　・違う校園種の人が聴き手となり，自分たちが一生懸命練習してきた楽曲を発表して，達成感を味わう。

○音楽経験の受信⇒発表を聴いて「すごい！」
　・違う校園種の人の発表を聴いて，一生懸命発表している姿を通して，その楽曲のよさを味わう。

○音楽経験の共有⇒一緒に協演して「楽しい！」
　・違う校園種の人と一緒に協演することで，相手をより意識した自分の演奏ができ，それまでと違う楽しさを味わう。

異校種間での音楽交流の流れ

〈幼小連携〉

・幼稚園などの幼児と小学生との交流です。特に低学年との幼小連携交流では，音楽経験の発信を大切にした聴き手を意識できる指導が大切です。

　①どのような音楽交流会にしたいか話し合う。

　　話し合いの視点：聴き手が喜ぶ発表をするためには？

　②練習ごとに振り返りの場を設ける（ワークシート，全体交流など）。

　③発表の後，お手紙に自分の感想を書く。

ポイント
話し合いでも視点を明確にしましょう！

〈小中連携〉

・中学生と小学生との交流です。特に高学年との小中連携交流では，音楽経験の受信の際，中学生になる自分の姿を意識できる指導が大切です。

　①どのような音楽交流会にしたいか話し合う。

　　話し合いの視点：中学校に向けて大切にしたいこと

　②練習ごとに振り返り，自分の頑張ったことを付箋に書きためる。

　③中学生の発表を鑑賞して，感じたことを作文にまとめる。

〈小高連携〉

・高校生と小学生との交流です。高校生との協演は，よき指導者でもある高校生の存在で楽しさの度合いが格段に違います。

　①どのような音楽交流会にしたいか話し合う。

　　話し合いの視点：高校生から学びたいこと

　②発表後は，高校生との昼食会を開き，発表会のビデオを見ながら話し合い，感動を共有する。

授業力アップのポイント

●交流相手を意識した音楽交流の中で，自分自身の成長に気づけるようにしよう

2章　音楽指導　ステップアップの授業テクニック43

31 音楽でつながろう！異学年・地域との交流

3年目教師
「今度，地域の方と交流する機会があるんですよね。どんなことをすればいいのかわからなくて。」

先輩教師
「いい機会だね。ぜひ，日頃の音楽の成果を活用してみようよ。」

3年目教師
「活用？ どんなことができるんですか。」

先輩教師
「いろいろな方法はあるけど，一番は１つになれるということが音楽の大きな力だね。」

◆交流も音楽の力でスムーズかつ笑顔いっぱいに！

　敬老の集いや文化祭など地域と交流する行事はたくさんあります。そんな中で，合唱やリコーダーの演奏を披露することも多いでしょう。せっかくの交流の場。演奏を聴いてもらうだけではなく，音楽を通して人と人とがつながる場にしてみましょう。地域の人たちは，家族や学校の友達や先生についで身近な存在です。これを機に自分たちが生活している地域に目を向けられるといいですね。

　つながるといえば，音楽を通して異学年と交流することもできます。低学年の児童から，楽しく，元気よく歌うことを学ぶ高学年。高学年の児童から，美しく響く声で歌うことを学ぶ低学年。相手を意識することで自分たちの学習を振り返る機会になったり，新たな発見ができたりすることでしょう。

　交流の日がスタートです。音楽の力で地域や異学年とつながる第一歩を素敵に演出しましょう！

つながりを意識した活動例

〈地域交流〉

①招待状を書こう

書くことで子どもたちの意識も高まります。頑張って練習していること，聴いてほしいところなど書くといいでしょう。

地域に目を向けられる機会に！

②交流する相手に合わせた曲選び

交流する相手に合わせた曲選びをしましょう。一緒に歌える曲を入れると楽しんでもらえます。

③手拍子を使おう

聴いている人にも，演奏に参加してほしい！ そんなときには，手拍子を使いましょう。音楽に合わせて一緒に手を叩くことで，一体感も生まれます。演奏を始める前に，手拍子の練習をするのもよいですね。

④ステージを飛び出そう

演奏するときに，ステージと客席に分かれると，なんとなく見えない壁を感じてしまうもの。「交流」するからには，その壁を取り除いてしまいましょう。音楽の楽しさを共有できる場づくりをしましょう。

〈異学年交流〉

①目的を明確にして

ただやっただけの異学年交流ではもったいない。音楽の交流？ この先の活動の顔合わせ？ 何かのお礼？ この活動を通して何をねらっているのか明確にしておくことは忘れてはいけません。

互いの学年にメリットのある会に！

②お互いのよいところを見つけよう

交流の後には「ありがとうカード」に，交流した学年・クラスの素敵だと思ったことを書き，感謝の気持ちを伝えましょう。

授業力アップのポイント

- みんなが参加できる工夫を
- お互いのよいところを吸収しよう（異学年交流）

32 希望あふれる入学式に！

3年目教師
　6年生の入学式に向けての指導，緊張します。

先輩教師
　単純な技術指導や形式的な式にならないようにしないとね。

3年目教師
　1年生を仲間として迎えられる入学式にしたいですね。

先輩教師
　入学式の音楽活動は，入学する1年生が楽しくかつ安心して学校生活が迎えられるような活動になるといいね。

新入生も上級生も希望あふれる入学式に！

「学校教育において，教育と芸術とがもっとも素直に結合するのは行事である。」
　　　　　　　　　　　　　　　　　　　　　　（斎藤喜博『授業』）

　入学式は，そこに参加する者全てが，新入生の笑顔を中心に，美しい場を創造していく行事です。そこでの音楽活動は，参列者全てのこれからの学校生活への希望をあらわすものにほかなりません。

　入学式の音楽活動に参加する上級生として考えられるのは，近接学年の第2学年と，最高学年の第6学年です。いずれの学年が活動に参加するにしても，大切なのは，新入生を仲間として温かく迎え入れる心と，その心を込めて歌う歌や演奏する楽曲です。したがって，入学式に向けて，どのような入学式にしたいのか，どのようなめあてで入学式に臨むのか，しっかりと見通しをもつことができるようにします。

　みんなで，新入生のために，1つの目的に向かって進むことができるのが入学式です。すてきな音楽活動ができるようにします。

音楽活動の流れ

〈国歌「君が代」〉
・学校行事を中心に何度も歌う「君が代」です。新入生にとっては学校生活の中での最初の出会いとなります。上級生の歌唱指導では，新入生がしっかりと聴くことができるような発声を意識できるようにします。

〈第6学年：歌唱「ちゅうりっぷ」（近藤宮子 作詞／井上武士 作曲)〉
・「ちゅうりっぷ」の歌唱の際，赤，白，黄色の色紙でチューリップを作り，それをリズムに合わせて振りながら歌います。
①6年生の座席位置を図のようにする。
②新入生にも一緒に歌うことをうながす。
③「ちゅうりっぷ」の1番を1回歌う。
④2回目，用意した色紙のチューリップを一斉に掲げ，振りながら歌う。
⑤「ならんだ ならんだ」の後で一斉に，一度作品を下げ，「あか しろ きいろ」に合わせて，それぞれの色チューリップを順番に掲げ，振りながら歌う。

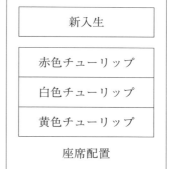

座席配置

〈第2学年：合奏「きらきらぼし」〉
・ハーモニカ，鍵盤ハーモニカ，鉄琴，カスタネット，タンブリン，トライアングル，鈴など，音楽の授業で演奏した楽器を使い，合奏します。周りの友だちの音を意識しながら，演奏するよう意識づけします。新入生に楽しい音楽の授業が待っていることをメッセージで伝えます。

授業力アップのポイント
●新入生も上級生も，学校の仲間入りを喜び合える音楽活動にしよう

33 学校紹介を楽しくするコツ
〜1年生歓迎会〜

3年目教師

1年生歓迎会で学校紹介します。楽しく紹介するには，どうしたらいいでしょう？

劇やよびかけと音楽をうまく組み合わせれば楽しい学校紹介が簡単にできるよ！

先輩教師

3年目教師

そんな簡単にできるんですか？

あれこれねらわず，まずは台本をシンプルにするのがコツだよ!!

先輩教師

役割分担で素敵な学校紹介に!!

　全体の流れを場面分けして考えます。「○場面のここで，○○するのが私の役割だな」と担当する内容や覚える内容をできるだけわかりやすくシンプルにします。すると，2年生でも短時間・短期間で確実に発表できる状態に仕上げることができます。また，全員が劇をする，よびかけをするというような統一された役割でなく，効果音を鳴らす，絵を描いた画用紙をあげるなど，大きな声を出さなくてもできる役割を作ることで，どの子も自信をもって発表ができるようにしましょう。

　発表のはじめに全員で歌を歌います。明るくテンポのよい低学年が生き生きと歌える曲がよいでしょう。そしてメインの学校紹介の場面では，劇・スライド・よびかけなどでわかりやすく学校の様子を伝えます。それぞれの場面にぴったり合う歌や効果音を入れることで，より楽しい学校紹介ができます。そして発表の最後には全員で合奏をして締めくくるのも，場が締まりますね。

簡単！　楽しい！　学校紹介の流れの例

①全員で元気に歌を歌う

　歌うのは1番だけでもサビだけでもかまいません。まだまだ集中力のない1年生に向けての発表ですので，間延びすることのないようにしましょう。

②劇で紹介をする

　1場面で舞台に上がるのは10人まで，台詞は1人1つ，多くても2つまでにしましょう。劇中の効果音は楽器を使って表現してみましょう。ハンドベルでチャイムを表現，ボールを受ける音を太鼓で表現，掃除をしてきれいになった様子をウインドチャイムで表現，授業中ひらめいた様子をトライアングルで表現してみてはいかがですか。幕間には2～4小節ほどの歌を歌うと楽しくなります。曲は子どもたちがよく知っているものを使い，歌詞は子どもたちと一緒に先生が考えればオリジナリティーのあるものができますよ。

ウインドチャイム（上）とトライアングル（下）

③よびかけで紹介をする

　言葉だけで伝わりやすいことは，よびかけで紹介しましょう。短い時間でたくさんのことが紹介できます。そこに子どもたちが描いた絵を添えることでよりわかりやすい紹介ができますね。人気の給食1位を紹介するときにはドラムロールで雰囲気を盛り上げても楽しいですね。

④全員合奏で締めくくり

　1年生のときに学習した曲を演奏して発表を締めくくりましょう。楽器を増やしたり，演奏する部分を分けたりすることで子どもたちの負担を減らすこともできます。

ポイント
シンプルかつ魅力ある歓迎会に！

授業力アップのポイント

- シンプルな台本と細かい場面わけで簡単に楽しい学校紹介を
- 歌や効果音をちりばめて楽しく魅力的な学校紹介に

34 いい顔いっぱいの運動会歌唱指導！

3年目教師
「はっきり言って運動会の歌唱指導って苦手です……。」

先輩教師
「そうだよね。大人数だし，運動場だし，みんな見ているし，やりにくいよね。」

3年目教師
「子どもたちもなかなか集中してこちらを向いてくれなくて……。」

先輩教師
「きっと子どもも歌う気持ちにすぐ切り替えられないよね。そんなときは，無理して怒らず，楽しくなる雰囲気をつくることからはじめてみようよ。」

怒らず，焦らず，いい顔で！

　体育的行事である運動会。校歌の斉唱や応援団の歌など歌う場面があります。運動会の全校練習では，歌唱指導の時間も設定されている場合が多いです。1回当たりの時間は，せいぜい5〜10分ぐらいでしょうか。運動場だと声は響きません。慣れない場所で歌うので声も出にくいでしょう。そんな中，全校，全教員の前で指導するのは，なかなかのプレッシャーです。

　「さあ，口を開けて〜！」「6年生声出てない！」「もう1回！」だんだん口調もきつくなりがち。今まで音楽の授業で築き上げてきたものが崩れていくようで落ち込んでしまいます。

　そんなときは，無理をせず子どもたちを「いい顔にすること」これ1本に目標を絞ります。口がしっかり開いている子，姿勢のいい子，いい顔で歌えている子，よく声の出ているクラス・学年……。ほめるところを見つけて，オーバーにほめたたえましょう！　笑顔で身振り手振りも交えて！　みんながあなたを見ていますよ！

全体指導の手順例

〈挨拶〉

　朝礼台に上がったら，まずは全体を見渡し，ニコッと満面の笑みを送りましょう。そのあと元気よく「おはようございます！」の声を響かせます。いつも音楽の時間に行っているメロディーにのせての挨拶があれば行います。

〈ウォーミングアップ〉

　運動場，普段歌うことには慣れていない場所。まずは心と体をほぐします。楽しい雰囲気でスタートできるように伸びをしたり，顔を動かしたり，2人組でおもしろ顔をしてみたり……。足を開き，手は後ろ，体を中心に向けるなど基本の姿勢も確認します。

〈歌唱指導　～ほめる～〉

　さぁいよいよ歌唱指導。はじめは細かいことは気にしない！「いい顔」で歌えている子どもをどんどん増やしていきましょう。どんどんほめていきましょう。声のボリュームも伴ってくるものです。

〈評価　～わかりやすく～〉

　連日の練習で，体も疲れてきている子どもたち数百人。全ての心に届く言葉を伝えるのは容易ではありません。点数化，○△×など，大きな動作とともに短い言葉で子どもたちを評価していきましょう。

〈他の先生に〉

　職員朝会や運動会打ち合わせなどで機会があれば，他の先生に協力をお願いしておきます。子どもの態度面を注意してもらうことも必要ですが，「笑顔で一緒にうたうこと」を一番にお願いします。一生懸命楽しそうに歌う担任の姿は子どもたちに伝わります。

授業力アップのポイント

- ●オーバーアクションで，まずは子どもたちをいい顔に
- ●先生は子どもたちの手本。率先して，いい顔，いい歌声を

2章　音楽指導　ステップアップの授業テクニック43　99

35 見栄えする音楽会のコツ① （歌唱編）

3年目教師

音楽会に向けての練習，楽しそうに歌っている子と歌っていない子の差が大きいんですよね。

特に高学年になるとだんだんその差が顕著になっていくよね。

先輩教師

3年目教師

そうなんです！　いろいろ声はかけているんですけどなかなか……

焦る気持ちもわかるけど，教師主導から，子ども主導の練習にシフトしてみたらどうだろう。

先輩教師

脱「歌わされている感」！

　学年や学校全体で創り上げていく音楽会。人数が多くて迫力ある演奏ができる一方で，一人ひとりの意識は薄くなってしまう……そう悩んでいる人も少なくないでしょう。そんなことはありません。本来ならば，みんなの力が結集してより大きな力になるはずです。特に歌唱ではよりその力が顕著です。

　「いい音楽をつくろう！」というモチベーションが見栄えにつながります。自分たちが歌う姿を見せたり，チームごとに意見を出し合ったりすることで，演奏に対しても積極的になることができます。教師の一方的な想いだけでは，子どもたちは「歌わされている」と感じることでしょう。どのような気持ちでこの曲を歌いたいのか，そのために自分たちがすることは何か。何度も立ち止まりながら，子ども同士で考えていけるといいですね。しかし，「自分たちでやりきった」を感じさせるためには，時には教師のお膳立ても必要です。主体的に練習できる仕組みをつくっておきましょう。

　きっと本番では，きらきら輝き，笑顔で歌う顔が見られるはずです！

活動の流れ

①目標になりそうな演奏の見本を見せる

　演奏する曲が決まったら，子どもたちが真似したくなるような演奏の見本を用意しましょう。映像があると，より自分たちに置き換えてイメージしやすくなります。

②自分たちが歌っている姿を見せる

　子どもたちが歌っている姿を録画して，見せる機会をつくります。相手に伝えるには思った以上に大げさにしなければ伝わりません。百聞は一見にしかず！　自分たちの演奏を見る（聴く）ことで，得られるものはたくさんあります。見て感じたことを，グループやクラスで話し合い，今後の演奏に生かすよう声をかけましょう。

③子どもが主となる練習を

　子ども司会の振り返り時間をとる。今日の目標を日直が言う。リーダー中心の練習時間をとる。パートリーダーをつくる……。
　子どもたち主体となれる練習を仕組んでいきましょう。

> **ポイント**
> 教師のお膳立てが重要です！

④子どもたちから出た課題を１つずつ

　練習が大詰めを迎えると，教師も指導に熱が入り，細かいことまで口を出したくなってきます。「もっと口を開けて！」「もっと高音を響かせて！」「もっと伸ばして！」と，もっともっとの指導が続くと，教師の熱に反して，子どもたちの意欲は下がってしまいます。指導は欲張らずに１つずつ。子どもたちから出てきた課題をクリアしていきましょう。

授業力アップのポイント

● 自分たちで創り上げる舞台という自覚をもたせ「やらされている感」を脱却しよう

2章　音楽指導　ステップアップの授業テクニック43　　101

36 見栄えする音楽会のコツ② (器楽編)

3年目教師:音楽会,器楽の準備は何から手をつけていいのやら……。

先輩教師:確かにやることはいっぱいだね。

3年目教師:そうなんです。曲決めや楽譜の作成,担当決めに,練習……。考えるだけでたいへんそうですよね。

先輩教師:早め早めの準備が成功につながるよ。心の余裕にもつながるしね。慌てずに計画を立てることから始めてみよう。

綿密な計画が成功のカギ！

　音楽会ではリコーダー奏や合奏など,学年に応じて様々な取り組みをされていることでしょう。まずは過去の音楽会の映像を見てみましょう。今受けもっている子どもたちがどのような曲を演奏してきたのか調べるためです。また,その学校ならではの取り組みがあるのかも調べておきましょう。できれば年度初めなど,早めにしておくとよいでしょう。

　音楽会で合奏をする場合,選曲→他の学年との調整→楽譜購入や楽譜作成,編曲→楽器ごとの人数決定→児童一人ひとりの楽器決定→練習計画作成…と授業で取り組むまでにかなりの時間が必要です。また,授業では,教師からの一方的な教授ではなく,子どもたち自らが思いや意図をもち,交流をしながら進めたいものです。そのためにも,余裕をもった授業計画を立てなければいけません。

　「協働して音楽活動をする楽しさを感じる」ためには教師の綿密な計画が必要なのです。

活動の流れ

①合奏の選曲

（おすすめ！）

・低学年…歌唱教材やアニメの曲など歌詞のあるもの
　　　　　　　　　（歌を覚えることでリズムが理解しやすい）
・中学年…かっこいい曲や楽しい曲
・高学年…迫力のある曲

子どもたちの６年間の成長を見据えた曲選びができるといいですね。

②演出

（例）

・ソロ　　　　・ダンス
・手拍子　　　・掛け声
・楽器を揺らす，向きを変える
・観客席で演奏　　　など

観客を楽しませる方法を子どもたちと一緒に考えてみるのもいいですね。

③授業以外での練習方法

○月○日までに何小節目までできるようにするのか，いつから体育館練習が始まるかなど計画表を作り教室に掲示してもらいます。少しずつならどの子も取り組みやすいです。演奏できる部分が少しでも増えてくると子どものやる気も出てきます。授業中にできる時間は限られています。休み時間に音楽室を解放し，自由に演奏できる環境を整えましょう。合奏CD（全パートが入ったものや主旋律が入ったもの）を用意しておくと，集まった人数が少なくても合奏気分を味わえます。自信がつくことで，こんな風に演奏したいという思いも増すことでしょう。

授業力アップのポイント

● 一人ひとりが自信をもって演奏できる計画を
● 選曲や演出には最大の力を注ごう

37 見栄えする音楽会のコツ③（演出編）

3年目教師:「音楽会，何かもう一工夫できないかな。」

先輩教師:「音楽会では，平坦な発表にならないようにしないとね。」

3年目教師:「起伏のある発表って，どのようにすればいいんですか。」

先輩教師:「1つは，個性を生かすこと。そしてもう1つは，集団による身体表現をすることだよ。」

◆起伏のある音楽発表にする！

　起伏のある平坦ではない音楽発表とは，曲想や音楽の構造，歌詞の内容から感じたよさや美しさ，またはそれらから考えた思いや意図を，歌唱や演奏で表現したものです。それは単に技巧に走るものでもなく，一人ひとりの個性が光るものです。そうした発表は強制的，形式的なものではありません。また，自分が感じるよさや美しさ，自分の思いや意図を音楽で表現したいという欲求が強ければ強いほど，人はじっとしていられません。必ず表現したい音に合わせて体が動くはずです。したがって，起伏のある音楽発表にするためには，個を生かしたダイナミックな発表にしなければなりません。

個性を生かす	身体表現
感性，情動，イメージ，立居振舞，歌唱技術，演奏技術	ノリ，パフォーマンス，キー・コンピテンシー（多様な集団における人間関係形成能力）

活動の流れ

〈複線型の発表構成〉

　学年発表において，クラスごとや男女別などで声部や楽器の役割分担を機械的に決めるのではなく，一人ひとりの楽曲に対する思いや意図，感情にしたがって，役割分担を選択し，やり遂げます。合唱，合奏の構成上，役割のバランスもあるので，担当の人数などは，あらかじめ一人ひとりの実態に応じ，細心の注意を払って設定しておきます。

〈スターの設定〉

　学校教育は平等を重んずるあまり，時として没個性になってしまうことがあります。子どもの中には，楽曲に対して特別な思いや意図を感じている子どもや，歌唱技術や演奏技術を，幼きころから鍛えたスペシャリストがいます。それらの専門性を生かした役割の場を設定します。必ずその子どもを中心とした学び合いが生まれます。

・ソリスト…合唱や独唱や独奏の場を設定し，楽曲や音楽会の雰囲気に合わせて表現します。ほかの子どもたちは，楽曲や音楽会の雰囲気だけでなく，ソリストの表現にも合わせて，自己の表現を工夫します。

〈踊る合唱・合奏〉

　楽曲の雰囲気やリズムに合わせて動きを加えます。

スイングしたり，ステップを踏んだりします。また，鍵盤ハーモニカなど，自分のパートに来たときに，楽器を強調するように上に傾けたり，小節ごとなどに左右を向いたりします。好き勝手に動くのではなく，周囲の仲間の動きに合わせます。

> **ポイント**
> 子どもたちの得意が発揮できる場に！

授業力アップのポイント

●一人ひとりの個性を大切に，思いや感情を楽曲にのせて発表しよう

38 見栄えする音楽会のコツ④（音楽劇編）

3年目教師: 音楽劇をしているんですけど，教師と子どものやる気に温度差を感じるんです。

先輩教師: 子どもをやる気にさせる工夫が必要だね。

3年目教師: どんなことに気を付けてすすめていけばいいですか？

先輩教師: 演者である子どもたちを飽きさせない工夫をするとともに，観客に喜んでもらえる演出を準備することが大切だね。

◆自分たちで創っていると思わせる工夫を！

　音楽劇を成功させるには，子ども一人ひとりがどれだけ物語に入り込み，台詞や歌に思いを込めて演じられるかが重要になります。そのためには，子どもたちのやる気は欠かせません。子どもたちが「やらされている」ではなく，「自分たちで創っている」と感じられるような練習をしていきたいものです。そのためにまずは，物語の内容を全員に理解させましょう。絵本などがあれば読み聞かせをするのもいいですね。登場人物の心情なども共通確認しておきましょう。それは，台詞の抑揚や歌声を考えさせるときに役立ちます。

　さらに，音楽劇をよくするためには，視覚的な仕掛けも重要です。目で見ても楽しんでもらえる工夫を考えましょう。例えば，台詞を言う子だけ立つようにすると，どの登場人物の台詞なのかわかりやすくなります。観客は，その日初めて物語を聞きます。すぐに内容が理解できるようにしたいですね。

　その他にも，全員がひな壇に座っているのであれば，全員で同じ方向に指を指したり手を挙げたりするだけでも素敵な演出になります。

見栄えよくするためのコツ

①お客さんになってみよう

ひな壇で立ったり座ったり…。「もっと笑顔で」「口を大きく開けて」「〜さん，よそ見しないで」教師が一方的に言うだけでは子どもはやらされている気持ちが大きくなります。子どもたちは自分ではちゃんとやっているつもりなのです。

演じるグループとお客さんグループに分かれます。客観的に見ることで，どこを直したらいいのか明確になります。もちろん上手にできている子を見つけることもできます。ビデオを撮って見てもいいですね。「口を開けないと何を言っているのかわからない」「〜さんの笑顔がいい」友達からの一言はとても効果があります。自分たちを客観的に見る時間をとりましょう。

②具体的な場面を想像して歌ってみよう

物語の中に出てくる歌だからこそ，低学年であっても具体的な場面が想像しやすいでしょう。例えば，登場人物が相手に向かって怒っている場面であれば，実際にその役になりきって怒って歌ってみてもいいですね。喉の使い方や姿勢や顔などいつもと違うことに気がつくでしょう。「怒っているように歌いましょう」ではなく，「（話の内容をもう一度確認してから）登場人物に変身して歌ってみよう」と声かけをしてみましょう。自分で考えながら歌うことでやる気もアップします。

③視覚的な仕掛けを作ろう

お面や衣装，舞台後ろのスクリーンに挿絵を映すなど，初めてその劇を見た人にも内容が理解できる

> **ポイント**
> 観客からの見え方，聞こえ方を意識して！

ようにしましょう。見ている人に楽しんでもらうために，台詞や歌に簡単な振りを入れるのもいいですね。

授業力アップのポイント

●観客の気持ちを考えて！　教師と子どもが同じ気持ちで音楽劇をつくっていきましょう

2章　音楽指導　ステップアップの授業テクニック43　107

39 参観① 音楽の授業で参観にチャレンジ！

3年目教師

今度の参観で音楽の授業をやろうと思っているのですが，みんなが活躍している姿を見せたいんですよね。難しいでしょうか。

まずは子どもたちが元気いっぱい活動する姿を見せれば，保護者の方も大喜び間違いなしよ！

先輩教師

3年目教師

なんか楽しいだけで終わってしまいませんか。

そうだね。でも，１時間でどんどん成長している姿を見せることができれば，きっと安心してもらえるよ。

先輩教師

◆ 音楽ならではの参観に！

　年に数回しかない参観で音楽の授業をしてみませんか。座学の授業とは違う子どもたちの表情を保護者に見てもらうことができますよ。

　１時間で大きく変化しやすい課題で活動案を考えましょう。低中学年なら音楽づくりがおすすめです。グループでイメージを共有し音楽を作り上げるために，必然的に話し合う場面が生まれます。いろいろな楽器を使って音楽づくりをすれば子どもは笑顔で活動すること間違いなしです。

　また，音楽会などで合奏や合唱の発表を見てもらう機会はありますが完成した演奏しか見てもらうことができません。音楽参観の授業をすれば，１時間で子どもたちがどんどん成長する姿を見てもらうことができます。

　また，いつも通りの音楽の授業に歌のプレゼントを加えるだけで，保護者にとっても心に残る参観となります。音楽の力をつかって，音楽ならではの参観授業にチャレンジしてみましょう！

1時間で成長が実感できる参観に！

①音楽づくりで

教科書教材の音楽づくりはもちろん，国語の教科書の物語に合う音楽づくりも楽しみながらできるでしょう。各グループ1場面ずつ選び，物語を盛り上げるための音楽を考えれば発表も楽しくできます。1枚の絵や写真を音楽で表現することもできます。少し人前で発表することが恥ずかしくなってきた高学年でも，きっと楽しみながら挑戦することでしょう。

②合唱で

リズム，音程，歌詞を覚えている状態からスタートしましょう。1時間の中でハモリパートを練習してきれいな響きを披露すれば大きな成長が感じやすいでしょう。ほかにも強弱のつけかたによりメリハリのある歌に仕上げることもできます。高学年なら歌詞をじっくり感じ取り，そこから歌い方へとつなげれば高度な成長が感じられることでしょう。

③合奏で

パートごとに練習している場面を自由に参観してもらいます。保護者の方にも，アドバイスしてもらってもいいでしょう。少しずつパートを合わせていきます。最後に全体で合わせたときには1時間の成果があらわれます。

> **ポイント**
> 1時間で変化の出る内容を選びましょう！

④歌のプレゼント

授業の最後にサプライズで歌のプレゼントを。普段言えない感謝の気持ちやこれからの決意を一言添えて，歌を届けると感動的なワンシーンとなることでしょう。

授業力アップのポイント

● 1時間の成長が見えやすい課題選びを
● 音楽ならではの「音が重なる喜び」を取り入れよう

40 参観② 親も巻き込んで一体感のある参観に！

3年目教師：参観日の音楽の授業，これまでの成果を発表会で披露しようと思っているんですが，なかなか練習の時間がなくて。

先輩教師：無理して発表会形式でなくてもいいんじゃないかな。過程を見てもらおうよ。

3年目教師：考えを出し合ったり練り合ったりしているところを見てもらうということですか。

先輩教師：そうそう。でも，せっかく保護者も来ているので，最後は一緒に参加してもらうのも楽しいよね。

みんなでピタッとあう心地よさを味わおう

　参観といえば，普段の子どもたちの学習の様子を見てもらうもの。音楽科であっても同じことです。自分の考えを発表したり，友達と関わったりしている場面を見てもらいましょう。でも，せっかく同じ空間にいるのですから，最後は保護者も一緒に参加してもらうのもいいですね。教室の中にいる全員が演奏でピタッと合う心地よさを感じてみましょう。授業の終わりにはみんなが笑顔になっていること間違いなし！

　グループごとに簡単なリズムを決めて繰り返すだけ。一人ひとりは簡単なリズムの繰り返しなのでクラス全員が参加できます。楽器を変えることで，45分飽きずに参加できるでしょう。

　リズムの難易度を変えれば，どの学年でも取り組むことができます。教師も子どもも保護者も一緒に，みんなで音楽を楽しみましょう！

活動の流れ

①リズムを考える

　8拍のリズムを考えさせます（8拍を1小節とする）。学年に応じてこちらで用意しておいてもよいでしょう。

リズム例

②グループごとにリズムの練習

　小物楽器がたくさんあるならばグループごとに楽器を変えましょう。他のグループと合わせたときに自分たちのグループの音が聴きやすくなります。何度も繰り返し練習します。グループで教え合っている姿を保護者に見てもらいましょう。

③全体で合わせて一工夫

　全体で合わせてみましょう。まずは5小節を演奏します。最後にぴったり揃うだけで気持ちがいいものです。次に，1つの曲としてつくっていきましょう。全員で休む小節を入れたり，休む小節をずらして，呼びかけと答えになるようにしたり，強弱を入れたり……。既習のことや子どもの実態に応じて工夫させてみましょう（演奏する小節も増やしてみましょう）。教師が指揮者になり雰囲気を盛り上げます。入るタイミングを大げさに示すことで子どもたちも乗ってくるでしょう。

④保護者も巻き込んでみんなで挑戦

　最後は保護者も一緒に演奏です。リズムはあらかじめ用意しておき，手拍子で参加してもらいます。最後にピタッと合わせて拍手で終われるといいですね。

授業力アップのポイント

●参観では結果のみでなく，過程の姿をみてもらおう
●最後は教師も保護者もみんなで音楽を楽しもう

2章　音楽指導　ステップアップの授業テクニック43　111

41 大人数指導①
ひとつになれる音楽集会

3年目教師

音楽集会で全校指導することになったのですが，大人数に向かうとき，どんなことに気を付けたらいいでしょうか？

いきなり「全校」に目を向けると難しいよね。

先輩教師

3年目教師

そうなんです。どんなことに気を付けたらいいんでしょうか。

「一体感が出るようにすること」「各学年の特徴を捉えてそれぞれのよさを活かすこと」に気をつけられるといいね！

先輩教師

全校生が1つに！

　音楽集会を実施している学校も多いでしょう。大人数での重なりあった歌声は聴いていると心が癒されます。音楽集会には様々なパターンがあります。各学年が演奏をする，全校生で歌を歌うなど形は様々ですが，全校生が集まって音楽に親しむということに変わりありません。集会後「気持ちいいな」「楽しいな」「発表してよかったな」といった喜びが感じられる会にしたいものです。

　せっかく，いつもより多くの人数が集まる場です。一体感を大切にした集会にできるといいですね。同時に，異学年の歌声を聴く，貴重な機会でもあります。学年に応じた個性が出せるアウトプットの場となれば，さらに楽しい会になりますね。

　全校生が集まる機会はよくあると思いますが，一体感を感じさせるのはなかなか難しいことです。しかし，歌は全校生がひとつになれる力をもっています！

一体感を味わわせるために

①朝や給食の放送で

　全校生が集まって，初めて聴く曲をいきなり歌うことはできません。音楽集会の日までに校内放送などを活用して，歌が子どもたちの耳になじむようにしておきましょう。

②音楽集会で歌ってみよう

　いきなりみんなで歌ってみましょう。そして元気な低学年の声，きれいな高学年の声を抽出して手本とすることでよりよい歌を作り上げていきましょう。輪唱や2部合唱の場合は他のパートはどう歌っているのかを紹介することで，他のパートを意識させて素敵な合唱に仕上げていきましょう。

> **ポイント**
> 担当者の腕の見せ所！無理せず楽しい集会に！

③おすすめの歌

　季節を感じることができるものや短いものを選ぶとよいでしょう。また，前回とは雰囲気の違う曲を選べば子どもたちは楽しく歌うことができるでしょう。2学期以降は輪唱や2部合唱にチャレンジしてみてはいかがですか。

　【曲例】小さな世界　　大きな歌　　グッデーグッバイ　　歩いていこう
北風小僧の寒太郎　　あの青い空のように　　雪のおどり　　たんぽぽ

④歌と合奏にチャレンジ

　1番は歌，2番は合奏で曲を仕上げてみましょう。合奏部分は各学年で数小節ずつ担当すれば負担なく素敵な演奏ができます。

　【曲例】喜びの歌　　ミッキーマウスマーチ　　ドレミの歌

授業力アップのポイント

●一体感を感じられる音楽集会に
●学年の個性が出せる音楽集会に

2章　音楽指導　ステップアップの授業テクニック43　　113

42 大人数指導② 6年生に感謝の気持ちを伝える送別会

3年目教師:　6年生を送る会。在校生はどんな準備をしていけばいいでしょうか。

先輩教師:　そうだね。一番大切なことは心の準備。どんな気持ちで会に臨むのか，しっかり準備したいよね。

3年目教師:　そうですね！　やらされている感は出させたくないですよね。

先輩教師:　そのためにも，自分たちで意思決定していく過程は大事にしたいよね。

◆音楽にのせて，感謝の気持ちを伝えよう！

　感謝の気持ちを伝え，中学校へ向けてのエールを送る「6年生を送る会」。他の行事とは違い，自分のためではなく，人のために何かをする行事です。教師も子どもも，「行事があるから取り組む」のではなく，「自分たちの気持ちを届ける場として行事がある」と考えてみませんか。

　学習指導要領では，「歌唱表現についての知識や技能を得たり生かしたりしながら，曲の特徴にふさわしい表現を工夫し，どのように歌うかについて思いや意図をもつこと」「曲想と音楽の構造や歌詞の内容との関わりについて理解すること」とあります。1年間の授業のまとめとして，「どうすればありがとうが伝わるのか」子どもたち一人ひとりに考えさせてもいいでしょう。歌声はもちろん，自分たちでメッセージの言葉を足したり，身体で表現したり……。「○○したら6年生が喜んでくれるかも」「私が6年生だったら，○○してほしい」6年生のために今の自分ができることを考える子どもの姿があるといいですね！

気持ちを伝えるための準備

①曲選び

　大切なのは，子どもたちが気持ちをのせて歌いやすい曲選び。3学期になるとそれぞれの学年のカラーがはっきりしてくると思います。元気な明るい曲がいいのか，しんみりする曲がいいのか，歌う子どもたちに合う曲を選びましょう。感謝の気持ち，未来への希望やエールを伝える歌詞がいいです。練習時間が少ない場合は，子どもたちが聴いたことのある曲を選ぶのもいいですね。特に2月頃になると，CMや音楽番組でも，卒業ソングが流れ始めます。「これだ！」と思う曲は，日頃からメモをとっておきましょう。

②間奏を生かしてメッセージ

　歌う前後に全員でメッセージを言うことも多いでしょう。ただ，全学年があまり長く言いすぎると間延びしてしまうことも。そこで，曲に間奏がある場合は，間奏にメッセージを伝えてみましょう。伴奏を小さく弾くことで，素敵な雰囲気になります。メッセージは子どもたちが考えたものでもいいですね。具体的な内容の方が6年生の心に響くでしょう。

ポイント
主役である6年生を満足させる会に！

③「見せる」という視点

　手拍子を促して楽しい雰囲気を演出したり，ダンスや手話，小道具を使ったりしてみましょう。一学年に割り当てられた時間は短くても，それが五学年分となると思っている以上に長く感じられるもの。異学年が集まる最後の会です。「聴く」だけでなく「見て」楽しめるものを！

授業力アップのポイント

- 6年生を送る会＝自分たちの気持ちを届ける場
- 思いを伝える曲，言葉

43 大人数指導③ みんなの思いをひとつにしていく卒業式

3年目教師
卒業式。6年生には，胸を張って堂々と卒業式を迎えてほしいです。

先輩教師
そうだね。そのためにも音楽の出番は大きいよ！ 卒業生はもちろん，在校生にとってもね。

3年目教師
そうなんです。どちらも指導しなくてはいけないんですが，どうしたらいいか。プレッシャーです……。

先輩教師
儀式的行事の意味を理解させて，厳かな雰囲気をつくることが大切だね。

ふさわしい雰囲気を

　特別活動の儀式的行事に位置づけられる卒業式。「学校生活に有意義な変化や折り目を付け，厳粛で清新な気分を味わい，新しい生活への動機付けとなるような活動を行うこと」と学習指導要領に示されています。この「儀式」の意味を子どもたちにしっかり理解させ，ふさわしい態度で式にのぞませたいものです。

　国歌，校歌，卒業生・在校生の歌など歌う場面もたくさんあります。ただ大きな声で歌うことのみを目指すのではなく，儀式的な意味とともに，場に応じた歌い方が求められます。来賓の方，地域の方も来られる行事，音楽を指導する教師のプレッシャーも大変大きなものです。

　教師集団も儀式にふさわしい態度で練習にのぞむことで，その雰囲気を感じ取らせましょう。厳粛で清新な気分を味わえる場を創り出しましょう。

全体指導の手順例

〈事前打ち合わせ〉

　主役である６年生，送り出す側の５年生（在校生）。それぞれを担当する先生たちと歌う曲の選定や練習予定などを打ち合せします。曲の選定は，遅くとも年末までには行っておきます。卒業式の練習は，歌以外にも練習すべきことがたくさんあります。また６年生と５年生が別々で練習することも多く，音楽専科の場合は他学年の音楽の授業との兼ね合いもあるでしょう。しっかり見通しをもって計画を立てておくとともに，練習に向けて，思いを１つにしておきます。

〈歌唱指導　〜比較させる〜〉

　「さあ心を込めて歌いましょう」「厳かに歌いましょう」ではどう歌っていいのかわかりません。まず

ポイント
練習から雰囲気を大切にしていきましょう！

はいろいろな歌い方をさせてみましょう！「さあ，元気いっぱい！」「悲しそうに」「お怒りモードで！」……。その後，「自分たちの式にぴったりの歌い方はどれだろう？」と問いかけ，考える時間をとります。比較することで，その違いが見えてくるとともに，自分たちの伝えたい歌声も見つかることでしょう。指導の最後に送る評価の言葉は，常に子どもたちが決めた歌い方に返ります。細かい指導はその後でも大丈夫です。

〈事後打ち合せ　〜中核をなす〜〉

　負担にならない程度に，担任の先生たちと振り返る時間をとりましょう。音楽が卒業式の中核をなすのだというぐらいの強い気持ちでいたいものです。しかし，前に出て引っ張るという意味ではありません。子どもたち，教職員の願い，思いをつなぐ意味での中核です。卒業式は，あなたの手にかかっていますよ！

授業力アップのポイント

●まずは儀式的行事の意味を理解させることからはじめよう
●卒業式にふさわしい態度や歌い方を考えさせよう

2章　音楽指導　ステップアップの授業テクニック43　117

3章 音楽指導
知ってお得のマル秘グッズ6

　ここで紹介するグッズは，音楽の授業で大活躍するものばかりです。実際に使ってみてよかったと感じていたものを掲載しました。

　使わなくても授業は成立するかもしれませんが…。しかし，ここで紹介する6つの"音楽グッズ"をうまく活用することで

> 授業がいつもより盛り上がります！
> 子どもたちの思考が深まります！
> 準備や片付けにかける時間が短くなります！

　明日からのいつもの授業にプラスしてみてください‼　キラキラ笑顔輝く子どもたち，そして幸せなあなた。そんな教室をつくっていきましょう！

3章 音楽指導 知ってお得のマル秘グッズ6

❶ かご

◆かごを使って簡単準備

　45分の授業を確保するために休み時間はその入れ替える準備に追われている先生も多いことでしょう。掲示物に返却用プリント，忘れた子のために予備のプリント……たくさんの準備が必要です。かごを活用していきましょう。「仕分ける」「仕切る」「集める」ことに使えます。バッチリ準備をして，授業を始めましょう！

◆活用例

〈仕分ける〉
・グループごとに楽器（カスタネットやトライアングル）を配布するときに使う。

〈仕切る〉
・音楽準備室にクラスごとにプリントを回収したらかごに入れて保管する。かごにクラスを書いておくとわかりやすい。保管場所がない場合はかごを重ねておくとよい。
・学年ごとに予備のプリント入れとして使う。

〈集める〉
・グループ発表をするとき，聴くグループの楽器を入れさせる。
・授業の終わりにグループの楽器やプリントを回収するときに使う。

〈その他〉
・貸出用リコーダー入れ，落し物入れ，バチ入れ，欠席児童プリント入れなど

活用のポイント

●かごを使って「仕分ける」「仕切る」「集める」
●短時間で準備完了！　授業の時間を確保しよう

❷ 番号カード

◆ 番号カードで時間短縮

限られた音楽の時間の中で，授業内容とは関係ないことで時間を取られてしまうのはもったいない！　できるだけ時間短縮を心がけましょう。そこで使えるのが番号カード。一度作っておけば様々な場面で活用できます。

◆ 活用例

〈席替え〉
①黒板に座席と番号を書いておく。
②1人ずつ番号を引き，書記係に自分の番号を知らせる。
③書記係は言われた番号のところに，引いた子の名前を書く。
④席を移動して，席替え完了。

　専科をしていて困るのは，次の音楽の授業で誰がどの席だったかわからなくなることです。黒板に書いた座席を写真で残しておくとよいでしょう。

〈指名〉
　意図して当てなくてよい指名のときに使えます。例えば今日のリコーダーの復習。教師がカードを引き，呼ばれた出席番号の子がみんなの前で演奏します。複数で同時に演奏することにすると，どの子も安心してできるでしょう。

〈順番決め〉
　演奏順に意図がないときには，カードを活用しましょう。あらかじめグループの番号を決めておきます。教師がカードを引きその順番で演奏します。

活用のポイント
●時間短縮で授業の時間を確保

❸ ICT 機器

◆ICT 機器，4つのよさをいかそう！

　ICT 機器といってもプロジェクタ，ビデオカメラ，デジタルカメラ，タブレット機器，パソコン，IC レコーダーなど多岐にわたります。子どもたちは，これらの機器が大好きです。ICT 機器には次の4つのよさがあります。

◆「よさ」をいかした活用例

〈再現性（過去を再現できる）〉
・リコーダーの指使い，楽器の使用上の諸注意，師範歌唱など，あらかじめ録画（録音）しておいたものを見せる。
・「楽しそうに，悲しそうに」など歌い方を変えた2つの映像を比較する。

〈保存性（いまを保存できる）〉
・学習発表会などの発表を録画したものを見て，振り返りに活用する。
・1年生のはじめての音楽の授業の様子や歌声を録画しておき，卒業が近づいたころに見て，声の変化を感じる。

〈即時性（すぐに再現できる）〉
・歌唱や合奏をタブレット端末で録画，すぐに見直して振り返る。
・態度面ですばらしい子をデジタルカメラで撮影し，お手本として紹介する。

〈自在性（意図に応じて加工，修正できる）〉
・同じ曲の速度を変えて聴いて比較する。
・録画したもののよかったところをダイジェスト版としてまとめる。

活用のポイント

●ICT 機器の4つのよさ「再現性・保存性・即時性・自在性」

❹ ミニホワイトボード

◆ ミニホワイトボードで見える化！

　学校現場でも，いまや様々な場面で活用されているミニホワイトボード。「手軽さ」「可視化」「繰り返し」といったよさがあります。音楽でも活用してみましょう。

◆ 活用例

〈共有化する〉
・グループでリズム遊びのパターンを考える場面。マグネットを動かして，互いの考えを「見える化」します。
・曲を聴いて感じたことを交流する場面。各グループでまとめたものを黒板に貼りつけ，それぞれの考えを共有化します。

〈比較する〉
・互いのグループの発表についての評価する場面。ボードに（◎○△）などの簡単な評価を書くとともに，なぜそう評価したのかを伝え合います。
・替え歌づくり。それぞれが考えた歌詞をホワイトボードに書きます。

〈保存する〉
・授業の終末，次の時間に頑張りたいことをホワイトボードに書いておきます。次回，それを見ることから授業がスタートします。
・単元初発の感想，初めて出会った曲の感想などをホワイトボードに記入します。学習を進めた後，保存しておいたものを見ることで，見方，捉え方がどう変化したかを感じることができます。

活用のポイント

● ミニホワイトボードのよさ「手軽さ，可視化，繰り返し」

❺ マグネット

◆ 主体的・対話的で深い学びを実現する４つの「づけ」！

位置づけ…知覚・感受したことを，共通性や類似性に着目し，分類する。
意味づけ…音楽のよさや美しさの理由や因果関係を問い，論理的に考える。
関連づけ…知覚・感受したことと音楽のよさや美しさを比較し，その差異や関連性を見出す。
価値づけ…音楽の価値について，自分の意見を持つ。

◆ ４つの「づけ」を可能にする活用法

〈位置づけ・意味づけ・価値づけの活用例〉

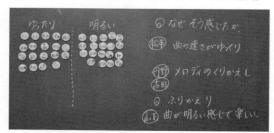

自分の名前を書いたマグネットを自分の意見のそばに貼ることで，自己の立場を明確にすることができ，学習に向かう力を高めることにつながります。

〈関連づけの活用例〉

 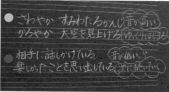

自分が感じた音楽のよさについての意見とその根拠となる楽譜の部分それぞれに，同色のカラーマグネットを貼り，視覚的に関連性を示すようにします。

活用のポイント
● マグネットで位置づけ・意味づけ・関連づけ・価値づけする

❻ カスタネット

 どの学年でも手軽に！

　安い，小さい，壊れにくい楽器のカスタネット。たくさんあるという学校も多いことでしょう。大勢で演奏しても大音量にならないので，大きな音が苦手な子がいるクラスや，音楽室以外の教室などでも使うことができます。

 活用例

〈リズム遊び〉
・教師や友達のリズムを真似して叩きます。手拍子ですることも多いですが，気分を変えてカスタネットで叩いてみましょう。真似する側，真似される側どちらがカスタネットを持っても構いません。
・2種類のリズムを重ねるときに手拍子チームとカスタネットチームに分けて叩くとよいでしょう。音色が違うので，自分のチームのリズムがわかりやすくなります。

〈拍をとる〉
・教師がカスタネットで拍をとり，わらべうたなどをして遊びます。片手で拍を叩きます。反対の手で，拍をとるのが苦手な子の肩を優しく叩いて拍を感じさせたり，遊びがわかりにくい子の手を持ってどのように動かせばよいのかを示したりできます。
・ピアノ伴奏なしで歌うときにも使えます。全員が見えるところで教師が叩きます。カスタネットを持っている手は動かさず，反対の手はボールが跳ねるようなイメージで手を動かし，カスタネットを叩きます。視覚的にも拍がわかりやすくなります。

活用のポイント
●カスタネットでリズムや拍を叩いてみよう

3章　音楽指導　知ってお得のマル秘グッズ6

【執筆者一覧】

土師　尚美（大阪府池田市立秦野小学校）

井上　伸一（大阪市教育センター）

垣内　幸太（大阪府箕面市立萱野小学校）

宮本真希子（大阪教育大学附属池田小学校）

森村　奈世（大阪府守口市立梶小学校）

布川　　碧（大阪府豊中市立上野小学校）

イラスト

森治　健太（大阪府立和泉支援学校）

【編著者紹介】

土師　尚美（はぜ　なおみ）

大阪教育大学教育学部卒業。大阪府池田市立小学校に勤務。大阪教育大学附属池田小学校を経て現職。授業力＆授業づくり研究会所属。日本学校音楽教育実践学会会員。『学校における「わらべうた」教育の再創造―理論と実践―』（黎明書房）『使える授業ベーシック第11号』（学事出版），『授業力＆学級経営力』『３年目教師　勝負の学級づくり』『３年目教師　勝負の授業づくり』『スタートダッシュ大成功！学級開き大辞典』（明治図書）『小１教育技術』（小学館）などに執筆。

【著者紹介】

授業力＆学級づくり研究会

https://jugakuken.jimdo.com/

「子ども，保護者，教師。みんな幸せ！」を合言葉に発足。

教科・領域，主義主張にとらわれず，授業力向上とみんなが幸せになれる学級づくりについて研究を進めている。

大阪を中心に，月１回程度の定例会，年４回程度の公開学習会を開催。主な著書に『３年目教師　勝負の学級づくり』『同授業づくり』（共に明治図書）がある。

教師力ステップアップ

３年目教師　勝負の音楽授業づくり
クラスみんなの心をひとつにする！スキル＆テクニック

2018年３月初版第１刷刊　©編著者	土　　師　　尚　　美
著　者	授業力＆学級づくり研究会
発行者	藤　　原　　光　　政
発行所	明治図書出版株式会社

http://www.meijitosho.co.jp
（企画）木村　悠（校正）奥野仁美
〒114-0023　東京都北区滝野川7-46-1
振替00160-5-151318　電話03(5907)6702
ご注文窓口　電話03(5907)6668

＊検印省略　　　　　　組版所　長野印刷商工株式会社

本書の無断コピーは，著作権・出版権にふれます。ご注意ください。

Printed in Japan　　　　　ISBN978-4-18-141522-8
もれなくクーポンがもらえる！読者アンケートはこちらから →

教師力ステップアップシリーズ

3年目教師 勝負の学級づくり
マンネリの毎日を脱却する極め付きの指導技術56

授業力&学級づくり研究会 著
1437・A5判・本体1,760円+税

「学級経営力」と「校務力」を磨いてマンネリの毎日を脱却

教師になり数年が過ぎ、ある程度無難に仕事をこなすことができ、余裕もでてきた。でも、なんとなく物足りない…そんな先生方へ向け「1年がうまく過ごせればいい」から「どんな集団でも力が発揮できる子どもを育てる」へ考え方をチェンジする技術が満載。

3年目教師 勝負の授業づくり
伸び悩みの壁を脱出する極め付きの指導技術56

授業力&学級づくり研究会 著
1438・A5判・本体1,760円+税

「授業力」と「自分力」を磨いて伸び悩みの壁から脱出

研究授業も何度か経験し、毎日の授業のためにあくせくすることもなくなった。でも、なんとなく物足りない…そんな先生方へ向け「1時間の授業をうまくまわす」から「子どもたちが将来自己実現するための力を培う」へ考え方をチェンジする技術が満載。

明治図書　携帯・スマートフォンからは　**明治図書 ONLINE へ**　書籍の検索、注文ができます。　▶▶▶

http://www.meijitosho.co.jp　＊併記4桁の図書番号（英数字）でHP、携帯での検索・注文が簡単に行えます。
〒114-0023　東京都北区滝野川7-46-1　ご注文窓口　TEL 03-5907-6668　FAX 050-3156-2790

＊価格は全て本体価格表示です。